藤木久志著

刀狩り

—武器を封印した民衆—

岩波新書

965

目次

刀狩り――武器を封印した民衆

目　次

プロローグ——丸腰の民衆像を超えて

島原の乱図屛風(部分，秋月郷土館所蔵)

彼らは剣を打ち直して鋤とし、槍を打ち直して鎌とする。国は国に向かって剣を上げず、
もはや戦うことを学ばない。
(旧約聖書　イザヤ書)

小説『海鳴りの底から』によせて

島原の乱(天草・島原一揆、一六三七年〈寛永十四〉)を主題とした、堀田善衛《ほったよしえ》の大作『海鳴りの底から』(一九六一年)のプロムナード1に、次のような場面がある。

蜂起してすぐ、口ノ津《くちのつ》にある藩の武器庫を襲って、奪い取ってきた数百丁の鉄砲を前にした、一揆の男たちの会話である。


「地侍《じざむらい》は別として、百姓たちは、槍や刀、鉄砲はあつかいつけておらぬ」

「わっはっはっ。あたりまえじゃ」

……

「むかしむかしは、百姓も刀や槍くらいはもっておった」

「それはそうじゃ」

「それが、太閤《たいこう》さまの刀狩りで、もたなくなってしもうた。召し上げられてしもうた」

この会話は、作品の大切な隠しテーマだったらしい。終わり近いプロムナード5「武器感覚について」でも、作者は自身のことばで、「権力と相対して、民衆がつねに、ほとんど四百年来、非武装、「素肌」であったという点に、われわれの歴史の非常な特殊性があったのではないか、と私には思われる」と、重ねて語っていたからである。

秀吉の刀狩りによって、日本の民衆はすっかり武装解除され、素肌にされてしまった。こんな歴史がはたしてよその国にあるだろうか、というのである。

この「素肌」つまり「丸腰の民衆像」というのは、作者の独断どころか、じつは、研究者もふくめた私たち日本人一般の歴史の見方であったといってよい。たとえば、一九三二年(昭和七)に、百姓一揆を階級闘争として論じた羽仁五郎《はにごろう》でさえ、こう説いていた。

すでに早くかの秀吉の刀狩等をへて、いまや徳川時代の農民はまったく武器を没収せられ、武器の携帯を禁止され、佩刀《はいとう》の権利が厳重に武士にのみかぎられていたので、暴力的闘争の場合に当時の農民は戦国時代農民戦争期の農民のごとく武器を所有せず、したがって独特の戦闘準備を必要とした。彼らは主としてその生産手段をただちに武器に代えた。すなわち竹槍、鉞《まさかり》、鎌、鍬、等に法螺貝《ほらがい》、竹法螺、蓆旗《むしろばた》の旗印《はたじるし》等が用いられた。

秀吉の刀狩りによって、それまで武器をもっていた戦国時代の農民は武装解除され、丸腰になってしまった。だから江戸時代の農民が戦うには、農具を武器にするという、独特の戦闘準備が必要だった。これより先、一九二八年(昭和三)に『百姓一揆の研究』を書いた黒正巌《こくしょういわお》も、秀吉の刀狩りによって近世の農民は武器をもたず、使い方も知らなかった、と説いていた。

こうした、れっきとした百姓一揆論者や階級闘争論者さえも、丸腰の民衆像をすなおに認めていたのであった。なぜ彼らは、階級闘争論の立場から、刀狩りは人民の武装解除だという俗説を、まっこうから疑おうとしなかったのであろうか。すでに昭和のはじめには、「かの秀吉の刀狩」が不動の通念だったからであろうか。不思議なことである。

堀田善衛もこの刀狩りの通念に忠実であった。だから、丸腰の民衆にどうやって武器をもたせ、一揆に蜂起させようか、と苦心した。そこで冒頭に、彼らに素手で藩の武器庫を襲わせるという、荒唐無稽《こうとうむけい》な場面を設定することで、小説をはじめることにした。それが独特の準備であった。冒頭の会話で、一揆の人々に「百姓たちは、槍や刀、鉄砲はあつかいつけておらぬ」と語らせたのも、おなじ苦心の末であった。

天草からの手紙

だが、史実の世界は、おのずから別であった。

一六三八年(寛永十五)六月、天草一揆の戦いが終わるとまもなく、額面では三万石余りの山《やま》崎《ざき》家《いえ》治《はる》という小大名が、天草の島(富岡城、熊本県)へ国替《くにがえ》になり、荒廃した領域の立て直しに着手した。その彼が幕閣に宛てた、意外な手紙が残っている。

村々は荒れ果て、人影もまれな「一揆の亡所《ぼうしょ》」になって、一揆の深い傷跡をさらしていた。新参の大名が「小身者《しょうしんもの》」だというので、奉公《ほうこう》しようという者もなく、これを「かろしめ」る、とげとげしい空気も露骨であった。どうやって村人との深い対立を和らげ、和解をはかるのか。

新入り大名の打った手だては、私たちの意表をつくものであった。天草に入るとすぐ、彼は現地の役人から「当(天草)島中、百姓の鉄砲三百廿四挺《ちょう》、刀・脇指《わきざし》千四百五十腰、弓・鑓《やり》少々」を受け取っていた。前の領主だった寺沢氏が一揆方を武装解除し、没収しておいた、村々の百姓たちの武器であった。驚くほどの武器の量で、「百姓の鉄砲」が多いのも目をひく。

もともと一揆の百姓たちは、これだけの武器をもっていたのであった。

武器を農具に

ところがそのすべてを、新入りの小大名は、どうせ役立たずの武器だから(「何れも役に立ち申さざる道具にて候」)といって、ためらいもなく、領内の百姓たちに返してやることにした。そう決断したわけを、小大名は幕閣にこう報告していた。

「田畠の作物を荒らす鹿の被害がひどいので、鉄砲を使って追い払いたい。どうか私たちの鉄砲を返してほしい」、村々の百姓たちが、そう要求しています。そこで鉄砲三二四挺をすべて返してやることにしようと思います。ついでに、百姓たちの刀や脇指一四五〇腰も、みな返してやりたいのです。もし幕閣が、それは駄目だ、といわれるなら、いつでも返上させることにします。それでいいでしょうか、というのである。

意外なことに、一揆に敗れて武装解除された村々の百姓たちが、新しい大名に向かって、「百姓の鉄砲」を返してほしい、作物を荒らす害獣を追うのだから、と求めていたのであった。この百姓たちの武器へのこだわりを、幕閣も承知したらしい。天草の村人たちは、もともと自前の刀や脇指を身につけていた。それに鉄砲さえも、日ごと田畠の害獣を追う農具として、自在に使いこなし、動きのすばやい鹿を相手に、その扱いにもよくなじんでいた。

武具狩りへの夢

この天草一揆を、おなじ肥後(熊本県)の地元で目の当たりにした、熊本藩主の細川忠利《ほそかわただとし》は、一揆の終わってまもない頃、内々にこう語っていた。一揆の武装解除のついでに「百姓の武具」はみな取り上げてしまいたい。百姓が武器さえ持っていなければ、こんな一揆は起こせなかったはずだから、と。

先の「百姓の鉄砲」といい、この「百姓の武具」といい、秀吉の刀狩令から五〇年ほど後、徳川の世の百姓たちは、一揆を起こせるほど多くの武器を、その手元にまだ持ちつづけている。この一揆の後始末こそ、百姓から武器を没収する、よい機会ではないか。それは、一揆の脅威をじかに身に受けた、地元の大名の切実な思いであった。

どうやら、一揆の百姓たちに、わざわざ藩の武器庫を襲わせる必要などなかった。動きのすばやい鳥獣を射止めるほど、百姓たちは暮らしのなかで、銃の扱いに巧みであった。「百姓たちは、槍や刀、鉄砲はあつかいつけておらぬ」という会話も、『海鳴りの底から』の作者の取り越し苦労に過ぎなかったようである。

宣教師のみた帯刀習俗

手ごわい一揆方の村々へ、身をすくめて乗りこんだはずの小大名が、二〇〇〇挺に近い武器をあっさり返してやった。この事実も、私たちの「丸腰の民衆像」を裏切って、新鮮である。この思い切った措置は、新しい小大名が一揆方の村との和解をめざした、起死回生のパフォーマンスだったのではないか。というのは、三〇年ほども戦国の日本に暮らして、ことに九州の世情に通じていたはずの、宣教師ルイス・フロイス『日本史』がこう書いていたからである。

日本では、今日までの習慣として、農民を初めとしてすべての者が、ある年齢に達すると、大刀《エスパーダ》と小刀《アガダ》を帯びることになっており、彼らはこれを刀《カタナ》と脇差《ワキザシ》と呼んでいる。彼らは、不断の果てしない戦争と反乱の中に生きる者のように、種々の武器を所有することを、すこぶる重んじている。

きびしい内戦のあいついだ戦国の時代、村の男たちは刀を身につけることで社会の成員に仲間入りし、その刀を「すこぶる重んじる」共通の心情を育てていた、というのである。フロイスはまた、男たちは耕作にあまり熱心ではないが、年少のうちから大小の刀を帯び、眠るときだけ、これを枕元に置く、とも語っていた。

一五五一年(天文二十)の日本にいた宣教師トルレスも、「日本人は甚だ勇気があり、武器(の扱い)に自信を持っている。十三歳以上の少年は、剣と短剣を携え、決してこれを放さず、大いなる弓の使い手である」と語っていた。おなじ宣教師のガーゴも「彼らは戦さを好み、十歳の時から剣を携えて育ち、剣を抱いて眠る」といい、一五五二年に宣教師のザビエルも「日本人は私が見たどの国民より武器を大切にしています」と語っていた。また、一五六五年(永禄八)に宣教師ヴィレラも「当地方では戦さが起きているので、人々は武器を大いに珍重する。……彼らはほとんどそれらの刀剣を財宝としている」と書いていた。

村や町の男たちの成人の儀礼を、当時は「刀指《かたなさし》の祝い」ともいった。一人前になると同時に、若者たちが自前の刀をもち、共同体を守る責務を自覚するのは、ごく当たり前のことであったらしい。「刀は武士の魂」などというのは後世の偏見で、もともと刀・脇指は、自立した男たちのシンボルだ、というのが「農民を初めとしてすべての者」に共通の意識であった。

天草の新入り大名が、一揆方だった村人に武器を返す。そんな冒険をあえてしたのは、人々の武器によせるあつい心情に応え、武器を喪《うしな》った屈辱感を癒すことで、何とか村人たちと和解を図りたい、という願いからであったにちがいない。

秀吉の刀狩りの後、近世社会を通じて、刀の長さ、鍔《つば》の形、鞘《さや》の色など、外観についての規制を除けば、百姓や町人に刀や脇指をもつことが禁じられた形跡はなく、村のもつ鉄砲の数は、むしろ時と共に増えていった。そのことは、後にくわしくのべよう。あの天草の小大名の英断も、こうした近世の村の武器事情があればこそで、なにも特異なことではなかった。武装解除された丸腰の民衆像というのは、今の研究水準からみると、もはや虚像としかいいようがない。

映画「七人の侍」によせて

したたかな中世農民像を陰影深く描いた、黒沢映画の名作「七人の侍」(一九五四年)も、丸腰の民衆という、古い刀狩りの通念には、まったく忠実であった。『海鳴りの底から』はそれから六年ほど後に書かれた。

戦国の世も終わろうとする頃、戦場が閉ざされ、稼ぎ場を失って盗賊と化した野伏《のぶし》たちの、夜襲を退けようと、村では七人の浪人者に頼んで、守ってもらうことにする。村に雇われた浪人たちは、何とか村人にも自衛の仕事を手伝わせようとするが、映画に登場する百姓たちは、戦いにはまるで無気力で、刀の持ち方ひとつ知らない。

この描写は、『海鳴りの底から』にいう、「百姓たちは、槍や刀、鉄砲はあつかいつけておらぬ」という会話の通りだ。それどころか「むかしむかしは、百姓も刀や槍くらいはもっておった」ことさえも、この映画では忘れられている。

野伏や浪人など、もともと戦いなれた雑兵たちは、どこかの大名に雇われては、戦国の戦場を大らかに闊歩した。戦場は彼らの稼ぎ場であった。だが、いったん戦争が終わると、彼らはたちまち失業した。平和の街角では、雇われて賃仕事をするか、石川五右衛門《いしかわごえもん》のように辻斬《つじぎり》や夜盗をはたらくしか、道はない。そうした生き残りの雑兵たちの屈折を描いて、映画「七人の侍」には史実をしのぐ迫力があった。私も『雑兵たちの戦場』で彼らの跡を追ってみた。

ただこの名作映画も、刀ひとつ持てぬ羊のような農民像だけは、いただけない。天草の人々は、一揆に敗れ武装解除されてもなお、「百姓の鉄砲」を返せ、と求めていた。武器によせる百姓たちのしたたかな執念と、黒沢映画の農民像との間に、距離がありすぎるからである。

刀狩りをみる目

第二次世界大戦後の一九四五年(昭和二十)いらい、私たちの歴史学は日本史の徹底した見直しを進めてきた。ことに刀狩りとならんで有名な、太閤検地《たいこうけんち》の研究は、旋風といわれたほどの論争をまき起こし、たいへんな数の論文が書かれた。それなのに、刀狩りの史実をまともに追究した研究はゼロであった。戦中に秀吉の刀狩りを本格的に論じた、桑田忠親「豊臣秀吉の刀狩り」(一九四三年)いらい、近世の村々に鉄砲は数多くあったという衝撃の事実を明らかにした、塚本学『生類をめぐる政治』(一九八三年)にいたるまで、四〇年もの間、刀狩りの研究は空白のままであった。戦後の歴史学は、刀狩りの実証的な研究をまったく放置してきたことになる。

なぜこんな空白が生れたか。おそらくその背後には、秀吉の刀狩りで日本の民衆は身も心も素肌にされてしまったと、堀田善衛がくり返し語ったような、ふしぎな思い込みが、私たちすべてにあった。そう考える以外に、刀狩り論の異常な空白は説明のしようがない。

では、いま私たちの刀狩りの通念はどうなっているか。こころみに最近の大百科事典をみれば、刀狩りいらい庶民の武装は禁止され、廃刀令で武士の帯刀も禁止され、ここに国民の非武装が定着した、と明記されている(平凡社版「廃刀令」一九八五年)。いまの日本国民の非武装は、秀吉の刀狩令と明治の廃刀令によるものだ、というのである。あの小説『海鳴りの底から』や、映画「七人の侍」の通念そのままが、学界でもまかり通ってきたことになる。

たしかに、これまで私たちは「治安のいい日本」を世界に誇ってきた。かつての中東派兵案への拒絶反応(功)も、かつての神奈川県警公安部による盗聴への無関心(罪)も、この治安=非武装感覚とかかわりがあったにちがいない。そして、日本の治安のよさは、国民の非武装の賜物で、秀吉の刀狩りや明治の廃刀令のおかげと、日本人みんなが信じこんできた、というわけである。ほぼ半世紀ものあいだ、まともな刀狩り研究がゼロというのは、私たちの共同幻想と国民の非武装という現実のしわざだったと、ほとんど断定してもいいであろう。

三つの刀狩り

西洋古代史の村川堅太郎は「市民と武器」で、かつてこう語っていた。

日本では、近世初頭・明治維新・第二次大戦後の三度にわたって、刀狩りがたいした抵抗もなく行われ、今日も武器の保持・携行は、国家権力により世界で最も厳しく取り締まられており、この政策は一般市民のコンセンサスに支持されている。だが市民と武器の問題は、国家権力と市民の自由という、政治の問題と深くかかわっているのだ、と。

これは、私たちののどかな治安感覚の一面を痛烈に突いていた。もし、市民の武器の有無が、私たちの人権や自由のあり方と深くかかわるとなれば、たいした抵抗もなく武装解除された「治安のいい日本」を、無邪気に謳歌してばかりもいられまい。

武器の保持や携行が、国家権力によって「世界で最も厳しく取り締まられ」ている。そんなことが、いったい日本で、どうやって実現されたのであろうか。それを考える上で、「三つの刀狩り」というのは卓見である。一の近世初頭とは、秀吉の刀狩りをいい、二の明治維新というのは、おそらく廃刀令のことで、三の第二次大戦後とは、占領軍による民間の武装解除を指すのであろう。

本書も秀吉からマッカーサーまで、「三つの刀狩り」をすべて訪ねて、その内実を探ってみなければならない。本書はこの「三つの刀狩りの物語」である。

中世ドイツ農民の武装権

刀狩りをとくカギは、村川堅太郎によれば、武装と人権にありそうである。武装と人権といえば、二十世紀初めのハンス・フェール「中世農民の武装権論」が、私の出発点となった。それによれば、ゲルマン民族の大多数を代表する中世の農民には、武装権がなかった、という通説は誤りで、すべての自由人は武器携帯の権利をもつ、という原則は長く生きていた、という。

武装権はなによりも名誉権であり、その義務や負担がいかに重くとも、特権として高く評価された。また、その権利義務には、五つの要素があった。①平和時の武器携帯の権利、②祖国防衛の権利と義務、③復讐の権利、④決闘権、⑤犯人の追捕《ついぶ》権がそれである。

しかし、十二世紀半ばになると、帝国(ラント)平和令は、武装禁止令によって、農民の武装権に制約を加えるようになる。労働中の農民には武装権がなく、主な武器(槍と剣)の携帯は禁止された。しかし、村を離れる際に剣を携帯することは認められ、また警察への奉仕(治安)のため、家に武器を備えておく義務が課せられた。

平和令による武装禁止令は、けっして農民を無抵抗にすることを狙った、いわば物理的な武装解除令ではなかった。それは、次の①~④のような、注目すべき特徴をもっていた。

①もともと武装権は自由人に固有の名誉権であり、武装禁止令も、その狙いは、騎士と農民を身分的に分けることにあった。

②農民はたしかに武装権を奪われたが、武器そのものを没収されたわけではない。

③農民は日常の武器の携行は禁止されたが、村の外に出るとき、犯人を追捕するときには、携帯を許された。

④祖国の防衛権は奪われたが、村の犯人の追捕権は農民の手に残った。

すなわち、中世ヨーロッパの民衆の武器は、正規の社会成員の表象で、武装権は名誉権にほかならなかった。十二世紀の帝国(ラント)平和令にみえる武装禁止令は、農民に家での武器の所持を認めながら、平時の携行や軍役・復讐・決闘・追捕など、武装権の剝奪によって、身分の規制をめざした、という。このような見解は、刀狩りをみる目に多くの示唆を与える。

まず①に、武装禁止令の狙いは、武装解除にはなく、騎士と農民というように、身分を峻別することにあった、という。この指摘は、日本の刀狩りをみる目にも、大きな意味をもつ。私たちの刀狩り＝武装解除という通念と、大きく対立するからである。

また②には、日常の携行は禁止されても、武器をもつことまでを禁止されたわけでもないという。この指摘も、武器の携帯と所持をはっきり分ける、という新しい見方を教えてくれる。さらに③も、武器の携帯を日常と非日常に峻別せよ、と教えている。最後の④も、国家の軍事に関わる権利と、村の治安維持の権利とを分ける、という見方の大切さを教えている。

本書はこれらの示唆を大切にしよう。①〜④を日本の刀狩りの実態とくらべてみると、思い当たることが多いからである。詳しくは後でのべるが、たとえば、①日本の刀狩りにも、身分政策という性格は濃厚である。②刀狩り(十六世紀末)以後の日本の民衆も、現実に刀・脇指・鉄砲など多くの武器をもっていた。③旅行・祝宴・祭礼・火事のときには、刀の携帯を公認されていた。④軍役は武士だけの固有の役とされたが、村で起きた人殺し・盗み等の犯人の追捕、つまり村の治安は村人たちの共同の役とされていた。こうして刀狩りの現実は、十二世紀の西ヨーロッパの武装禁止令と、共通点がじつに多い。武装禁止令は武装解除令ではなかった。

「強大な国家、みじめな民衆」像を疑う

十六世紀末の日本の刀狩りによせる研究者たちの通念は、およそ次のようなものであった。豊臣秀吉の政権は、分裂していた戦国の国家の軍事統合に成功して、すべての暴力装置を集中独占すると、その力を背景に、武装解除をめざして、農村からあらゆる武器を徹底的に没収し、民衆を完全に無抵抗にしてしまった、と。

この見方は、いま、ほとんど国民の通念ともいえるほど根強く、「強大な国家、みじめな民衆」という通念は、十七世紀以後の徳川政権というアジア的な専制国家像を形づくるのに、決定的な影響を与えてきた。しかし、民衆の徹底した武装解除という奔放なイメージは、刀狩り研究の大きな欠落と空白に支えられて、じつに自在であった。だが、この通念ははたして事実であったか。「みじめな民衆」像ははたして実像であったか。あらためて、日本の「三つの刀狩り」を、豊かな史実の中に、じっくりと追ってみなければならない。

Ⅰ　中世の村の武力

豊国祭礼図屛風(部分，徳川美術館所蔵)

1　刀の習俗

中世の村はなぜ武装したか――四つの武装

秀吉の刀狩令は、村々の百姓たちの武装解除を表明する。戦国の内戦をくぐり抜けた村人は、まだ、日常に多くの武器をもっている。それが秀吉の認識であった。中世の日常の生活のなかで、村人たちが刀などの武器をもつこと、つまり村の武装は、どのようなじっさい的な意味をもっていたか。

秀吉がみた通り、日本中世の村と農民は、蜂起や戦争や防衛など非常事態の際だけでなく、つねに武装し自力で日常的な問題解決に当たっていた。その必要から、戦功者の褒賞と卑怯者の制裁、犠牲者に対する補償、武力を担う若者たちの村政参加、近隣の村々との連携と協力、無秩序な暴力の反復を回避するための作法など、さまざまな自律的な法や習俗を生み出していた。その史実を、私も『戦国の作法』などで、詳しく追ってみた。

村の武装の第一は、野獣のテリトリーに侵入した、人間と野獣との戦いのためであった。鳥獣の狩猟のため、そして、農作物を食い荒らす害獣を駆除するため、という武装であった。日本中世には多くの鹿・猪・猿・熊などが生息し、山村の農民たちは、しばしば領主に農作物の獣害を申し立てて、貢租の減額を要求していた。村にとって武器は、生産と生活のために、不可欠の道具であった。

　第二は、村の治安維持のための武装であった。

　中世後期の社会で、盗み・放火・殺人は三つの重罪（大犯三カ条《だいぼんさんかじょう》）とされ、これに対処するのは、もっぱら村の責任であった。だから、村人たちはつねに武器を備えて、犯人の逮捕・処刑に協力し合わなければならず、現行犯をその場で殺しても、殺人罪には問われなかった。

　第三は、村のナワバリ確保の武装であった。

　今日に伝えられる数多くの村々の史料のなかに、山野河海の境界紛争に関係する史料群は、大きな重さを占めている。山野河海をめぐる紛争が、十二～十九世紀を通じて、日本全国の村々でいかに頻繁に起きていたか、をよく物語る大切な証拠である。そうした紛争は、もっぱら村どうしの激しい武力行使に委ねられた。大勢の村人が、武器をもって紛争の現場に押し寄せ、相手方を実力で排除するとか、自領の山や川や海を侵害された報復のために、相手方の領域に侵入し、紛争現場で誤って人を殺しても殺人罪には問われない、という習俗（慣習法）さえ成立していた。中世の山野河海は、村々の自力(武装と闘争)によって、つねに確保できているかぎり、自分の村のものである、というのが鉄則(当知行《とうちぎょう》の原則)であった。

第四は村を戦いから守るための武装であった。いつ戦火に襲われるかと身構える村には、防衛の武装も欠かせなかった。戦いのあとの落人狩りも村の常であり、「七人の侍」の村にも、その戦果がひそかに隠されていた。それどころか、中世の村人は村の自衛のために「村の城」さえも造り上げていた。中世の城は、大名だけのシンボルではなかった。それが戦国民衆の実像であった。いまようやく関心が向けられはじめた「村の城」の存在は、私たちに、戦う村の能力と主体性をもっと重視しなければならぬ、と告げている。

自検断の暴力

中世以来、村々の百姓の男たちは刀とともに成人し、自前の武器をもって武装していた。その武器を、ふだんの生活の中で、害鳥獣の駆除に、村の治安に、山野河海のナワバリ争いに、地域の防衛に、自在に使いこなし、それを「自検断《じけんだん》」とよんで、「人を殺す権利」さえも、村ごとに行使していた。

近世になると、村々の「人を殺す権利」と、そのための武器の行使は、民衆の合意の下で制約される。「徳川の平和」の意義は、まさしくこの点にあった。ナワバリ争いの装備も、しだいに武器から農具に持ち代えられていく。だがそのほかは、自検断権の行使にも村のナワバリ争いにも、何ひとつ変化はなかった。

日本人の共同幻想ともいうべき、丸腰の民衆像という刀狩りの通念は、あけすけに百姓の武装解除をうたった、秀吉の刀狩令書、つまり一片の法令を、わけもなく政策の貫徹と読み変え、歴史の実像に目をつぶることで、成り立ってきた。法にあることは実現されたのだと、みなじつに素直であった。だが法と現実の間には、意外な距離があった。

だから、法や制度論だけでは、やはり困るのだ。ここ二〇年ほど、私は中世の世の習俗に目を向け、ふだんに積み重ねられた、共同の意思や秩序や先例を、丹念に掘り起こしながら、習俗からみた戦国世界の実像を追いつづけている。

刀は成人した男たちのしるし

戦国の習わしのなかで、刀とは何であったか。

ロドリーゲス『日本教会史』には、「幼年時代の終る一定の年齢に達すると、この紐(付紐《つけひも》)をとり、すでに長剣を帯びる成人した男子であるしるしとしてふつうの帯をしめる」という、成人する少年の帯解《おびとき》と帯刀の儀礼をのべた、興味ぶかい一節がある。

ロドリーゲスは、こうも書いている。「十三歳か十五歳まで少年期がつづいて、青年期に入る。この年齢に達すると、習慣として、子供の名前を変えて大人の名前をつけ、長剣と短剣を差し、頭髪を少し切る」と。成人の祝いは、①名前を変える＝烏帽子名《えぼしな》、②前髪を剃る＝もと烏帽子着、③刀脇指を帯びる＝帯刀、という三点セットで成り立っていたという。

とすれば、中世の村に行き渡った烏帽子の習俗とならんで、帯刀の祝いも村に行われていた、と想定してみるべきではないか。中世から近世にかけて、大小(両刀)や脇指を帯びる慣行が、村や町でも広くみられたことは、否定しようのない事実だからである。やはり、こうした「外からの目」を、刀・脇指を自立した社会成員の表象とみなす、中世の帯刀習俗を探る手掛りとして、読み直してみなければならない。

武装と男たちの名誉といえば、犬養道子『渇く大地』にも示唆がある。少なくともスーダンから西にチャド、東にはエチオピア北辺、そしてソマリアに至る領域の、遊牧民の男性は、成人のおごそかな儀式ののち、いかなる時も剣を身につける。剣はその身分と属をあらわし、雄々しさと、部族ぜんぶの護身の義務・責任をも象徴する。剣こそは、遊牧の男の誇りそのもの、存在理由そのものなのだ、と。

刀指の祝い

大和(奈良県)の奈良興福寺《こうふくじ》の『多聞院《たもんいん》日記』には、「春千代、昨日、刀指しおわんぬ、今日、祝言あり」というような、「刀指《かたなさし》の祝い」の記事が、十六世紀をつうじて、二五例ほどもみえている。年の暮れ近いこの日、多聞院では、こんど十五歳になる春辰丸の刀指の祝いに、大小(刀・脇指)と小袖《こそで》(大人の着物)を用意し、里からは父の助四郎が酒肴をもって礼にきた。もともと少年は、村方からこの寺に、稚児《ちご》として預けられていたものらしい。

付けひもの童着をやめ、大人の小袖を着て、腰に大小を帯びるのが成人の祝いで、院主《いんじゅ》の英俊はその後見をつとめた。『フロイスの日本覚書』が、「日本では、少年が新たに帯刀したり、名前を変える際に代父を選ぶ」といっていたのは、このことであった。

また、その春に十五歳になった政丸の刀指の祝いに、多聞院では、かねて用意の脇指を贈り、名前も甚三郎とつけてやった。里の腹巻屋からは、寺に酒肴が届けられた。少年は寺に出入りの鎧《よろい》職人の息子で、九つの歳から稚児として仕えてきた。だが、成人を機に家業の細工職をつぎたいというので、しぶしぶ親もとに帰してやった。

後見役をつとめる多聞院の英俊は、成人する少年に烏帽子名(仮名)と脇指を与えていた。

ロドリーゲスのいう通り、烏帽子名と帯刀の儀礼は、セットになっていた。「藤井、刀指しおわんぬ、名のこと申すのあいだ、助三郎とつけおわんぬ、十六才なり」「サツマヤ虎市刀指し、新十郎という」など、類例は多い。

刀を指す少年たち

少年たちの成人の祝いを「刀指」と呼ぶ以上、明らかに帯刀に重点があった。すでに十六世紀初めには、刀指＝帯刀の儀礼が、古い烏帽子着＝戴冠の習俗に、とってかわっていたらしい。二五例の刀指のうち、一五例は年末・年始に集中しているから、主にその祝いは、少年たちがおよそ十四〜十七歳を迎える、「年取り」の前後に行われていた。

しかも、奈良という都会だけに、腹巻細工・茶売・番匠・サツマヤなど、職人や町人の子の刀指が目につく。やはり、刀指の成人儀礼は、フロイスもいう通り、農民をはじめ、すべての者の習慣として、戦国の村や町に広く行われていたのではないか。

ただ、刀指といっても、大小(両刀)よりは、脇指だけの例が多い。成人式に何を帯びるかは、村ごとに、家柄によって、峻別されていたものか。宇治の茶売りは、息子の成人の祝いに、金《きん》熨斗《のし》付きの脇指を奈良の刀工に作らせ、新春の「三鬼打ノ座敷《さぎちょう》」でその指初《さしぞ》めをする、といっていた。

一五五二年(天文二十一)に『ザビエルの見た日本』は、こう語っていた。「日本人は戦争に関係あることを重んじ、また、それを光栄に思っています。金と銀で飾った武器ほど、彼らが誇りに思うものはありません。家の中でも常に剣と短刀を身につけていて、夜休むときは、床の間にそれを掛けておきます」と。こうした刀・脇指の習わしは、けっして武士だけのものではなかった。

関東でも、十六世紀の末、秀吉軍の襲来に備えて、戦国大名の北条氏が領内の村や町に、広く民兵の動員を求めたとき、ただし「刀も指さない童」「童の刀を指さないような者」「十五より内の童」は除く、といっていた。村の男たちも、十五歳になると刀を指し、成人の仲間入りをする。それまではまだ子どもだ。その習俗は、近畿でも関東でも、共通していたことになる。

2　村の武器の断面

百姓たちの武器

ただ、村の武器事情は多様であったらしい。

村人をにわかに民兵として動員しようとした時、関東の戦国大名北条氏は「民兵として出陣するのは、侍《さむらい》（上層の村人）でも凡下《ぼんげ》（一般の村人）でもいい。自分で用意する武器は、弓・鑓・鉄砲の三種のうちなら、どれでもいい」とか「百姓はもとより、町人・商人・職人までも、弓・鑓・鉄砲・小旗などを支度して参陣してほしい」などと呼びかけていた。民兵には弓・鑓・鉄砲のうち、どれかの自弁をとくに重視していた。戦国関東の村には、弓も鑓も鉄砲も、自弁できるだけの用意がある、とみられていたことになる。

国の危機が迫ると、北条氏は、村に住む十五歳から七十歳までの成人男子を、根こそぎで徴兵検査に出頭させようとした。そのとき、大名は「弓・鑓を持てないような男は、鍬・鎌でもいい」とか、「弓・鑓を持たない者は、鎌を持って」とか、「道具を持たぬ者は、棒を持って」といい、さらには「得道具《えどうぐ》（武器）のない者は手ぶらでもいい」とまでいって、徴兵検査には成人の男子がこぞって出頭するよう、けんめいに呼びかけていた。村や町の人々が持つ武器は、弓・鑓・鉄砲から、鍬・鎌・棒まで、おそらく階層によって、じつに多様であった。それだけ多彩な、しかも、戦闘にも使えるほどの武器が、村や町には日常的に蓄えられていた。

一方で目を引くのは、これら村にあてた大名の徴兵検査令はどれも、村人の装備に強い関心を示しながら、村人に刀や脇指で武装せよとは、まったく要求していない、という事実である。

それらを身につけるのは当然とみて、ただ「腰さしの類のひらひら、武者めくように」と、その見てくれだけを気にしていた。武者の刀と百姓の刀は見かけがちがうから、なんとか武者風に、というのであろう。

村の成人男子が刀や脇指を身に帯びるのは、自明のことであったからにちがいない。「刀狩りによせて、人々は刀の喪失を無上に悲しんだ」と記したフロイス『日本史』は、刀・脇指を自立した人格の表象とみなす、戦国の社会に行き渡った帯刀習俗の重みを鋭くとらえていた。

村のサムライとカマサシ

そういえば柳田国男『日本農民史』も、村では、刀を指すおとな百姓をサムライといい、刀を指す資格のない小百姓《こびゃくしょう》をカマサシ（鎌指）と呼んだ、という山村に注目していた。日向（宮崎県）の椎葉《しいば》村では、名字もあり刀を指す、おとな百姓たちの家は、村の三分の一ほどで、これだけをサムライといい、村のなかでも別の階級であった。そのほかの小百姓はカマサシといい、刀を指す資格のない農民で、代わりに鎌を指す身分であった、という。

その戦国の村のサムライは戦争が忙しく、農業をいとなむ余裕がなかった。また分捕りや手柄の方が楽で、面白くて利益も多かった。だから、村の耕作はカマサシの家族にまかせ、自分たちは武器を執って、つねに近傍を攻め取り侵略することばかり心がけた。この種の無名の小さい戦闘がいよいよ多くなった。彼らは概して名分に疎く、通例は大戦の後などに、負けて落ちていく者を苦しめて、首を取ったりした。いわば追剝《おいはぎ》を兼業したようなものであった、という。戦国の内戦のもとでは、おとな百姓のサムライが先に立ち、カマサシの小百姓をひきいて、追剝を兼業にして生き抜いていた。そんな戦国の村の様子が、みごとに描かれている。

戦国の村の鉄砲

戦国大名の北条氏は領域の危機に直面し、なんとか民兵を動員しようとして、兵になるのは侍(上層の村人)でも凡下(一般の村人)でもかまわない。武器はそれぞれの自弁で頼む。弓・鑓・鉄砲の三つの内なら何でもいい、と指示していた。村々は弓・鑓のほかに鉄砲の自弁さえもできる、と大名がみていたことになる。ただ村々へのじっさいの動員数は、ほとんどの村が一人から四人、多くても八人ほどであったから、この程度の弓・鑓・鉄砲なら村も自弁できる、と期待されていたのであろう。それは、内戦の時代を自力で生き抜く村にとって、不可欠な自衛の武器であったにちがいない。

村の弓矢や鉄砲は、日常的には鳥獣の狩りに使われていた。

一五七四年(天正二、推定)頃、大名北条氏は武蔵(埼玉県)の鷲宮《わしのみや》神社あてに、もし境内で弓・鉄砲で鳥を射つ者がいたら、捕まえて報告せよ。逆らったら射殺してもいい、と指示していた。村人が「しゝくい」(猪の被害をうけた)といって年貢を納めないほど、田畠の獣害もひどかった。だからこの指令も、鳥射ち禁止だけが対象で、獣猟の禁止にはなにも触れていない。弓・鉄砲で鳥獣を射つことが、村々にも広まっていた。

ついで一五七九年(天正七)、相模の西郡(神奈川県西部)では、法に背いて綱(モチツナ)で鳥をとる者を捕まえた村の男が、りっぱな褒美をもらっていた。北条氏の領域では、大名の法によって、鳥をとることだけが禁じられていた。村人が弓・鉄砲を使うことや獣の狩猟までが禁止されていたわけではなかった。

翌一五八〇年(天正八)に、こんどは相模の東郡(神奈川県東部)あてに、郡という広い範囲にわたって、弓・鉄砲で鳥を射ってはならぬ。さしなわ・もちつな・天綱で鳥をとるのもやめよ。もし違反する者を見つけたら、相手が侍でも凡下でもかまわぬ。狩りの道具を没収して城へもってこい、と定めていた。

弓や鉄砲を使って鳥をとることが、さしなわ・もちつなによる鳥の捕獲とならんで、広く行われるようになっていた。鳥のようなすばやく動きまわる小さな標的を射るほど、弓矢や鉄砲の高い技量を、上層の村人(侍)ばかりか、一般の村人(凡下)までが身につけていたと、大名側がみていたことは確かである。弓矢や鉄砲を使って、日々の生活のための狩りや害獣の駆除が、広く村々で行われていた。

上総(千葉県)のある城主も、その城の近辺で鉄砲を射つことを禁止するとか、その領分で鉄砲で鳥を射つことを停止せよと、鉄砲だけに焦点をしぼって、重ねての禁令を受けていた。鉄砲の比重がしだいに大きくなり、それによる鳥射ちが、北条氏の領域の隅々に広がりはじめていた様子がわかる。

一五八九年(天正十七、推定)頃、武蔵(埼玉県)の領主も、いろいろな鳥を弓・鉄砲で射ってはならぬ。鷹狩りも厳禁だ、と命じられていた。織田信長も一五七四年に「鷹野について鉄砲を停止」といっていた。だから盛本昌広は、一連の弓・鉄砲による鳥猟の禁止というのは、大名による鷹狩りの鷹のエサになる小鳥を保護するためで、大名による鷹狩りの独占策は、彼らの広領域支配権の表象であったとみている。しかし、ヨーロッパでは、くり返し出された狩猟法は、武器制御のプログラムとして作動していた、という。

3　脇指の習俗

村人の脇指を奪う

中世や近世初めの村々で、「腰さし」は不可侵のものとされていた。もし、ひとの帯びる脇指を奪えば、村追放となった。一五六六年(永禄九)の日本にいた修道士フェルナンデスも、人が腰に指している剣を奪うのは、日本人にとって非常な侮辱《ぶじよく》(名誉の侵害)である、と語っていた。

一五七三年(元亀四)の春先のことである。近江(滋賀県)の甲賀郡二カ村と、伊賀(三重県)の阿山郡一カ村の間で、国境いの山の草刈り場のナワバリをめぐって、「弓矢」を交わす激しい武力紛争が起きていた。さながら「村の戦争」であった。

これを知った両国の近隣の村々からは、村の侍たち十人ずつが仲裁にのり出し、国境の山あいで「野寄合《のよりあい》」を開いて、山の利用は「立合」つまり入会《いりあい》(共同利用)とすることや、よき(斧)・かまなど山道具の使用を制限することなどを細かく決めた、「異見《いけん》」=「判談《はんだん》」という、仲裁裁定案を双方の村に示して、ようやく和解にこぎつけていた。こうして、弓矢紛争の原因そのものは民事事件として決着がついた。

ところが、それとは別に、この「村の戦争」のさなかに、甲賀郡の村人たちが、伊賀の村人たちから、集団で脇指を奪ったことが、刑事事件として重大な問題になった。仲裁に奔走して「走舞《はしりまい》」と呼ばれた世話人たちは、奪った脇指をもとへ返させる措置をとった。そればかりか、脇指を奪った者のうち一人を、ただちに村追放(召失《めしうせ》)とし、一年後には村に復帰(召返《めしかえし》)を許す、期限付きの追放刑という特異な制裁を決めていた。

「弓矢相論」とまでいわれた「村の戦争」そのものの罪はなにも問われず、山のナワバリ争いはもっぱら民事事件として処理された。それなのに、脇指を奪ったことだけが、刑事事件として大きな問題とされたのであった。一年間という期限付きながら、脇指を奪った村人のうち一人だけが、犠牲を負って追放刑を受けることになった。そこに、ひとの脇指を奪い取る、という事件に固有の特異性があった。

追放刑というのは、中世社会ではありふれた刑罰であった。だがこの場合は、事件の関係者のうち一人だけが代表して罰を受けているところに、ふつうの刑事事件とのちがいがある。中世には、ひとの脇指を奪うのは、相手の名誉を傷つける、名誉侵害の罪にあたる、とされていた。村の男たちはふだん脇指を指して山仕事に出ていた。それほど、腰に刀を帯びるという習俗は、村の日常に行き渡っていた。

一五七〇年代の中頃、伊豆(静岡県)の船原村が、村境いの山を荒らした柿木村の村人から「大刀取り」をした。柿木村の男たちは大刀を指して船原村の山へ山仕事に入り、それを奪われたといって、大名北条氏に訴え出て、裁判沙汰になっていた。戦国の東国でも、他人の指す大刀を奪うことは、それほど重大な事件とされていた。

近世の村の脇指取り①

村人たちの間で、もしひとの刀や脇指をとれば重大な名誉毀損だというのは、中世だけの習俗ではなかった。近世初めの会津(福島県)でも、よく似た事件が起きていた。

一六一一年(慶長十六)の会津郡内の村々の山のナワバリ争いでは、芦野原村が大勢でくり出して、蔵河村のもつ炭焼き窯への道を封鎖した。蔵河村側は、村の若者六人を使者にさし向けてこれに抗議すると、芦野原村は総出で六人の若者を取り囲み、散々に殴りつけた上に、六人の脇指までも奪い取って、半死半生(なからじに)の目にあわせて帰した。

そのため、相手の蔵河村から「一揆同前《いっきどうぜん》」とか「盗賊取り同前」と告発されていた。村の暴行が山争いの限度を超えている、というのであった。ここでも、山のナワバリ争いのなかで起きた、打擲《ちょうちゃく》とか半死半生という、きわどい実力行使のほかに、村人の脇指取りが、まるで一揆や盗賊のような、「許しがたい」「あってはならない」重大な事件として、問題になっていた。

近世の村の脇指取り②

それから三〇年ほどたった、一六四一年(寛永十八)の夏のことである。武蔵児玉郡(埼玉県)の新宿《しんしゅく》村の村人たちが、国境にある上野(群馬県)の三波川《さんばがわ》山に立ち入って木を伐ったため、三波川の村人から脇指を奪い取った。山仕事の鎌を差し押さえられた。新宿村側はその仕返しに、三波川の村人と、脇指を奪った本人は身柄を拘束された。そのため、幕領だった三波川村は、村を治める幕府の代官に訴え出ると、脇指を奪った本人は身柄を拘束された。新宿村は鬼石《おにし》の町衆を頼んで、三波川村に詫びを入れて、ようやく許された。

ここでも、三波川村側が山仕事の鎌を差し押さえたのは罪に問われず、新宿村側が相手の脇指を奪ったことだけが問題とされ、幕府の代官に告訴されていた。山荒らしの村人から鎌を差し押さえるのは合法だが、その仕返しに相手の脇指を奪うのは不法だと、広く人々から認識されていたのであった。ふだんの山仕事のときも、村の男たちは脇指を指して山に入っていた。その刀や脇指を奪えば、相手の男たちの名誉を傷つけたことになった。そうした中世いらいの刀の習俗が、近世に入った十七世紀の社会にも、まだ確かに生きていた。

II　秀吉の刀狩令を読む

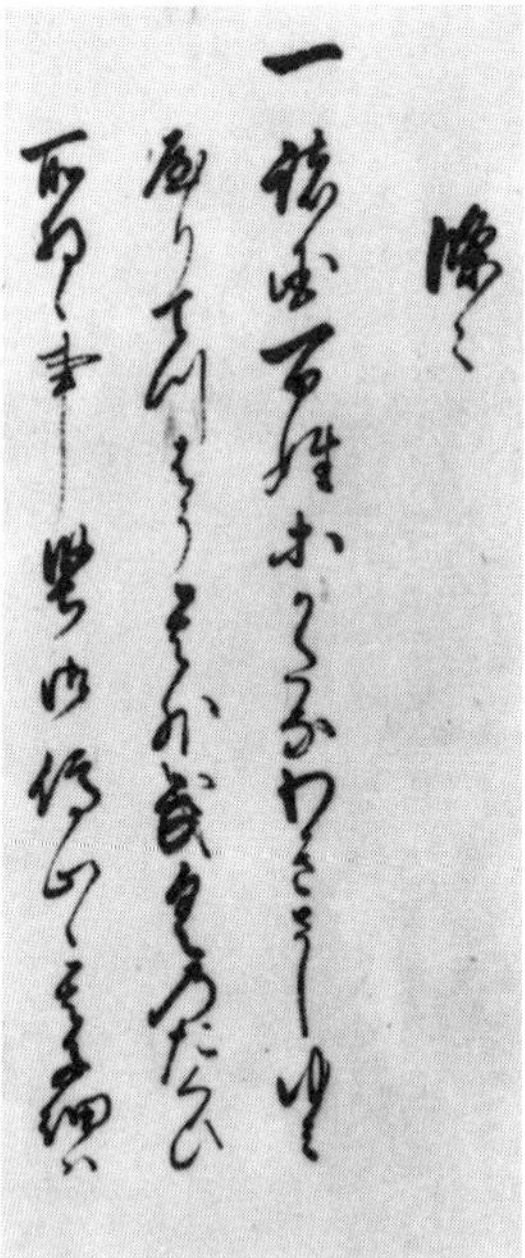

刀狩令書
（部分，早稲田大学図書館所蔵）

中世の刀は成人した村の男たちの人格と名誉の表象であった。刀狩りというのは、その尊厳に満ちた刀を百姓たちから奪おう、というのであった。秀吉の刀狩令は、それだけ、人の名誉の表象という刀のもつ重さを抱え込んで生れてくる。その実態はどのようなものであったか。これまで刀狩り研究の本はゼロである。まずは刀狩令をじっくり読むことからはじめよう。

1 刀狩令書を読む

特大な刀狩令書

秀吉の刀狩令は一五八八年(天正十六)七月(八)日づけで発令された。冒頭には「條々」と題され、三カ条からなる朱印状であった。原本の料紙をみると、大きさは一様ではないが、大型でぶあつい紙(大高檀紙《おおたかだんし》)を二枚はりついだ、タテ四五~四七センチメートル、ヨコ一〇九~一三二センチメートルもある、つまり長さ一メートルを超える大型の紙に、大きな太い文字で、紙面いっぱいに箇条書きに記し、最後に秀吉の朱印を押した堂々たる令書である。

この令書は、原本や写しやその痕跡も合わせると、およそ二〇点ほどが、いまに伝えられている。その分布は、北は北陸の加賀前田家から、南は南九州の薩摩島津家まで、つまり、一五八八年のころの、秀吉の勢力圏のほぼ全域にわたっている。令書のどれにも宛名は記されていない。だからこれは、特定の大名や領主を超えた、いわば一般法令である。そういう形をとって、大名・領主たちに向けて広く公布されていた。

刀狩令を読み解く——第一条

まず、第一条からはじめよう。その冒頭には、いきなりこう記されていた。「一、諸国の百姓ら、刀・脇指《わきざし》・弓・鑓《やり》・鉄砲、そのほか武具のたぐい、所持候こと、かたく御停止《ごちょうじ》に候」と。教科書などでも広く知られた、この書き出しの部分が、この法の主文である。

諸国の百姓たちは、刀・脇指・弓・鑓・鉄砲をはじめ、さまざまな武具をもっている。戦国の世には村や町の百姓もみな武装していた。それは秀吉の実感であり体験であった。その武具の「所持」(持つこと自体)を、これからはかたく停止(禁止)する、というのであった。三カ条のうち、法の定め(百姓武具の停止の原則)といえるのは、第一条の最初のこの部分だけである。ふつうの中世法であれば、この主文だけで十分のはずであった。

ところが秀吉は、なぜか、この主文につづけて、第一条の後半で「その子細は」(じつは……)といって、なぜ百姓の武装を禁止するのか、そのわけを、じつにていねいに説明していた。しかもその説得は、つぎの第二条から第三条へも、長々とつづく。

異様なほどに長い、三カ条のほとんどは、じつは、この法の読み手(大名や領主や秀吉の代官たち)の説得に当てられていた。この長々しい説得に、秀吉のほかの法令にはみられない、バテレン追放令とならぶ、刀狩令の異様さがあった。

刀狩りのための説得(じつは……)の最初(第一条の後半)は、こうである。

諸国の百姓たちがよけいな武具をたくわえて、年貢《ねんぐ》を納めるのを渋ったり、一揆を企てたり、領主たちに向かって不法をたくらむ。そんな百姓はもちろん秀吉が成敗《せいばい》(処刑)する。それにしても、百姓たちが武具をもてば、つい田畠を作るのを怠けるようになって、それだけ領主の取り分(知行《ちぎょう》)が減ることになる。それでは困るだろう。だから、そうならないよう、大名(国主《こくしゅ》)や領主(給人《きゅうにん》)や秀吉領の役人(代官)は、それぞれ責任をもって、百姓たちから武具をすべて没収して、秀吉のもとへ進上せよ、と。

つまり秀吉は、この「その子細は」以下のくだりで、大名たちにこう語りたかったのであろう。百姓から武器をみな没収すれば、百姓たちが支配者に手向かいできないようになる。そうすれば、年貢はしっかり取れるし、百姓の一揆は防げるし、百姓を田畠の耕作に集中させるようにできるのだ。支配者としてこんなにいいことはないではないか、と。秀吉自身や大名たちの心にあった、武装した中世の百姓たちへの底しれぬ恐怖感に、秀吉はたくみにつけこんで、自分の政策を担わせようとしていた。

かつて私は、この異様なほど懇切な説得の口ぶりをみて、百姓の武装解除は秀吉の本音であったのではないか、とみていた。だがそうではなく、この説得は、秀吉の政策を現地で執行に当たる大名や領主や代官たちを、なんとか「その気」にさせようとする方便であった、とみた方がふさわしい。

つまり、どうやらこの刀狩令の第一条の主文に追加された「その子細は」(じつは……)という趣旨説明は、現代の私たちの法のように、法の対象になる百姓など、すべての人々に公表され公布され、知らなければならない法ではなかった。法の執行に当たる大名(国主)や領主(給人)や代官たちだけを相手にして、もし百姓が武器をもたなければ、きっと支配が楽になるぞと、「その気」にさせようとして、こっそり出された秘策《ノウハウ》であった。

では、武器を取り上げられる百姓たちの方は、どうやって、「その気」にさせるのか。大名はじめ各地の支配者たちに授けた、百姓説得のための秀吉の秘策が、つぎの第二条と第三条であった。まず第二条で、秀吉はこう語る。

諸国の百姓たちから取り上げた「刀・脇指」は、むだにするわけではない。いま京都の東山に建てはじめている秀吉の大仏殿のために、釘・かすがいに使うのだ。そうすれば、百姓たちは、み仏と深い因縁《いんねん》に結ばれることになり、この世(今生《こんじょう》)ではもちろん、あの世(来世)までも、救われる(百姓あいたすかる)ことになるではないか、と。戦いの武器を平和の大仏にささげるといえば、まるで逆説のようにもみえよう。その独特の発想の背景については、すぐ後段で、くわしくのべよう。

なお、第一条では百姓の持つすべての武器といっていたのが、この第二条では、対象が「刀・脇指」だけにしぼられている。この法が当初から刀狩令とよばれ、やがて焦点が刀・脇指にしぼられていく秘密も、じつはここにあった。そのことは、この法令の現地での実施ぶり(後述)をみれば、やがて明らかになるだろう。

刀狩令を読み解く――第三条

秀吉の説得は、第三条にもまだつづく。その冒頭にも、秀吉はこう語っていた。

百姓は農具さえもち、耕作をもっぱらにつかまつり候えば、子々孫々までも長久に候。百姓御あわれみをもって、かくのごとく、仰《おお》せ出だされ候。

と。つまり、百姓は武具を棄てて農具だけを手にし、もっぱら農耕に精を出していけば、子や孫の代までも長く幸せに暮らせる。これは、秀吉が百姓の暮らしを憐れみ、思いやってのことである、というのであった。武器を農具へ、戦士から農民へ。新しい百姓像への転換をめざしたいのだ。この説得の言葉によって秀吉は、自分の構想する、あるべき理想の百姓像を、刀狩令を通じて積極的に示そうとしていた。

ただ、百姓は武器を棄てて農耕に専念せよという説得は、じつは、この時が初めてではなかった。これより三年前、一五八五年(天正十三)四月、秀吉に抵抗していた紀州一揆を制圧した直後、その戦後処理の過程で、これとそっくりの構想が表明されていた。そのことは、後に具体的にのべよう(五六頁)。

2　刀狩りの伝承と大仏

刀狩りの故事

なお秀吉は、この第三条の終わり近くに、こうも付け加えていた。武器を農具に変えるというのは、異国にも先例がある。中国の唐堯《とうぎょう》は、天下を治めたとき、宝剣や利刀を没収して農器に作り直して平和を実現した、と伝えられる。だが、日本にはその先例がない。自分はいまこの堯帝のすぐれた故事に学ぼうとしているのだ、と。

武器から農具への転換という政策を、中国の唐の高祖神尭《こうそしんぎょう》皇帝の故事にならうものだ、と秀吉はいっていた。だが、その唐尭の故事というのを私は知らない。しかし『史記』(秦本紀第六)には、秦《しん》の始皇帝《しこうてい》が天下を統一した年(紀元前二二一年)、天下の度量衡や文字の統一とならんで、戦争の苦しみを除くために、天下の武器をみな出させて、都の咸陽《かんよう》に集め、これを溶かして、鐘や鼓をかける台や銅人形など、いかにも平和の世らしい家具をつくらせて、それを宮廷に置いた、とみえている。あるいはこの話のことであろうか。

なお、『隋書』巻二(高祖紀)にも、隋をはじめた文帝の開皇十五年(五九五)二月にも、天下の兵器を没収したとあるが、詳しくはわからない。

また、日本にはその先例がない、と秀吉はいう。ただ、六四五年（大化元）八月、大化改新のはじめに、「国郡《くにこほり》の刀《たち》・甲《よろひ》・弓《ゆみ》・矢《や》を収《おさ》め聚《あつ》め」て、各地の兵庫《つはものぐら》におさめた、と『日本書紀』巻二五にみえている。

プロローグの冒頭にも掲げたが、命を奪い合うための剣や槍を、命を養うための鋤や鎌に作り変えよう。それは、時空を超えた平和への祈りとして、中東から中国・日本へと、はるかに語り伝えられ、大きな変革のときには喚起されていたのであろうか。刀狩りというのは、建国など大きな国制の変わり目にはつねにあるべき徳政だ、という統治の意識が古くからあったものか。これらの伝えにも捨てがたいところがある。

柴田勝家の刀狩り伝承

刀を没収して農器に作り直すといえば、織田信長の有力武将で、越前（福井県）の大名であった柴田勝家に、これとよく似た話が伝えられている。信長のもとで北陸地方を治めていた勝家が、急流の九頭龍川《くずりゅうがわ》に橋がなく、民が難渋しているというので、鉄の鎖で四八艘もの舟をつないで舟橋をかけ、北陸道を行く人々の難儀を救った。その鎖は、勝家が刀狩りをして村々から武器を集め、それを溶かして作らせたものだ、という。

この勝家の舟橋という伝承には、確かな証拠はない。ただ、勝家が越前で刀狩りをした痕跡はある。一五七六(天正四)年正月に、彼が地元の織田神社領の保護を指示したとき、神社の関係者には、とくに「刀さらへ」を免除する、といっていた。刀さらえという表現は、後でみる秀吉の刀狩りでも、よく使われている。だから、越前で勝家が刀狩りに手をつけようとしていたことは確かであろう。刀狩りの免除というのは、あくまで例外の措置であるから、一般の人はみな刀狩りの対象にされた、と読めるからである。だが、その詳しい傍証はない。

しかし、伝承の世界は奔放であった。

十七世紀末に書かれた『明智《あけち》軍記《ぐんき》』は語る。一五七七年(天正五)の秋、柴田勝家は越前中の村里に宛てて、こう指示していた。村人のもつ武具や馬具は、戦争も終わったいま、もう無用になった。だから、それらの武器を自分に差し出せば、農具に作り直して、ほしいだけ農民に分けてやろう、と。これを聞いた村人たちは、手元にある武器をきそって勝家の北庄《きたのしょう》城に持ち寄った。その数は幾千万にもなった。そこで勝家は、鍛冶屋たちをめしよせて、武器を農具に打ち直させ、それを村人に分け与え、また九頭龍川の舟橋を結ぶ鉄の鎖にもした。そのおかげで、あの激しい越前の一向一揆も、いつしか収まってしまった。一向一揆の国が平和で豊かになったのは、この勝家の刀狩りのおかげだ、という。

九頭龍川の舟橋をつないだとされる長く太い鉄の鎖は、いまも福井市の柴田神社などに何本も伝わり、勝家が刀狩りで民衆を救ったという言い伝えの証拠として、大切に祭られている。

刀狩りの噂を読む

刀狩令の発令からわずか一〇日後、奈良では早くも刀狩りが現実となり、噂と動揺が町中に広まっていた。その実情を、多聞院英俊という奈良興福寺の僧侶が、『多聞院日記』にこう書いていた。「こんど、天下の百姓の刀を、ことごとく取り上げる。それは大仏の釘につかうのだ。現世(この世)では、刀ゆえつい闘争になり、身命《いのち》を落とす。そうなるのを助けるためだ。後世《ごせ》(あの世)のためには大仏の釘につかう。だから、この刀狩りは、万民の利益のためであるし、理当の方便である。そういい触らされている。だが内証は(じつは……)、一揆を停止するためだ、というもっぱらの噂だ」と。

このたび、日本中の百姓たちから、刀をすべて取り上げる。その刀は大仏の釘に使うのだ。そうすれば、現世(この世)では、刀をもてば、つい争いから殺し合いになって、身命を落とすのを救うことができる。後生《ごしょう》(あの世)でも、大仏にささげた釘のおかげで、み仏に救われる。

この刀狩りは、すべての民の利益になる、まことに理に叶った方策なのだ、というのであった。つまり、刀狩りの執行にあたって、奈良の町では、「現には、刀ゆえ闘争に及び、身命《いのち》あい果てるを、助けんがため」と切実なことばで宣伝され、人々の噂の的になっていた。

刀狩令の第二条にいう「今生(この世)の儀は申すに及ばず、来世(あの世)までも、百姓あい助かる義」というくだりが、このような、もっと積極的なことばで、百姓たちの説得に使われていた。あの世だけではなく、この世でも「いのち助かる」という大きなご利益《りやく》になるのだ。このけんめいな説得ぶりは、とうてい一片の法のことばとは思えない。

思えば、つぎの第三条で「百姓御あわれみ」「国土安全、万民快楽の基」とくり返し強調されていた、やや抽象的なスローガンの中身は、「武装した百姓たちを、武力によって紛争を解決しようとする、中世の死の習俗から解放したいのだ」という説得であったことになる。

これこそが、刀狩りの執行に社会の同意を求めようとして、秀吉のねらった、合意形成策の核心であった。刀狩りを正当化する論理は、この世では自力と武器の惨禍から救われ、あの世でも仏の縁に救われるという、絶妙な二重の説得の組み合わせによって成り立っていた。

いったいなぜ秀吉は、百姓の心をつかむために、これほど濃《こま》やかな説得の回路を用意しなければならなかったのか。もし「内証」で語られた、百姓の一揆の解体というような、軍事目的での武装解除ならば、これほどまでていねいな弁明を必要とはしなかったはずであろう。だが本当のところ(内証)は、百姓たちが一揆を起こすのを防ぐためだ、と噂されているという。大名たちへの極秘の説得だったはずの、第一条の「一揆を企てる百姓は成敗する」という箇所がもれて「内証は」とひそかにささやかれていた。もし、刀狩りは百姓の武装解除だといえば、世間のつよい反発をよぶ恐れがあった。だからこそ念を入れた説得が用意された。

説得の決め手は大仏

みんなの来世の幸せのために、新しい大仏を造る。その宣伝はウソではなかった。秀吉は、その二年前の一五八六年(天正十四)四月ころ、奈良東大寺の大仏にならって、新しい自分の大仏殿を京都の東山に造りはじめていた。ところが、なぜか、その企ては中断したらしい。しかし、その二年後、あたかもこの刀狩令のわずか一カ月余り前、一五八八年五月十五日、あらたに京都の東山のふもとに、本格的な大仏殿造りを再開していた。没収した刀・脇指は、その新しい大仏殿を造る、釘・かすがいに活用する、というのであった。

あたかも、刀狩令のいいわけ作りに、あわてて大仏造営を再開したような、絶妙なタイミングが見逃せない。刀狩令と大仏造営は、もともと一つのプランとして構想されていたのではないか。もしそうなら、刀狩令を実施するために、じつに細心で壮大な仕掛けが用意されていた、と見なければならない。じじつ、刀狩りと大仏造りは、並行して進められていく。刀狩りが進むと、奈良の人々の間には、動揺がさらに広がっていた。先の僧侶は刀狩令発令の一五日後にも、こう語っていた。「諸国の刀・やり以下、金具の分、ことごとく狩るとて、奈良中もさわぐ。大仏の釘の用だという。日を追って人の迷惑ばかりなり」と。

諸国で刀や鑓など、金目の武具がすべて狩り集められているといって、奈良中の人々が動揺し騒ぎ立てている。だが武器の金具はすべて大仏の釘に用いるためだという。そのために、日を追って人々の迷惑が広がっている、というのである。刀狩りは大仏の釘を造るためだ、という噂がとくに強調されて、諸国に広まり、人々の動揺をひき起こしていた。刀を大仏の釘に、というスローガンが、刀狩りを強行する説得の決め手として、広く刀狩りの現場に持ち出されていた様子が鮮やかに見えてくる。

宣教師のみた刀狩り

刀狩令の出された一五八八年度のイエズス会年報は、秀吉の大仏に触れて、こう報じていた。秀吉が新たに大仏を造ることで、じつは三つのことをもくろんでいる。一つは、民衆の心を自分にひきつけること。二つには、自分の野望と悪政をおおい隠すこと。三つ目は刀狩りだ、と。

その三つ目について、年報は①～③のように説いていた。

①日本の民衆からすべての武器を取りあげ、あらゆる農夫・職人・庶民が、その刀剣を提出するように命じ、その通り実行に移した。没収した刀剣や武器から、大仏の工事に必要な釘や鉄器を作るのがその狙いであった。

②こうして彼は、万人から刀剣や武器を没収し、自らの地位をより安泰ならしめようと、彼らを武装解除し、古今未曾有《ここんみぞう》の、日本では絶えて見られぬ一事をやってのけた。

③彼はこれをより安全にやりおおせるために、宗教を隠《かく》れ蓑《みの》に用いた。彼は釈迦《しゃか》の大仏を建造する費用と称して武器を取りあげ、こうすることで、自ら必要とする出費を軽減するとともに、日本人を武装解除してしまったのである。

刀狩令の発令直後、世の中にどのような噂が広がっていたか。その様子を語って、この情報も生々しい。その①は、ほとんど刀狩令の本文そのままである。秀吉が大名や代官に語っていた、説得のノウハウが、そのまま民間に広まっていた。②の武装解除は秀吉の身の安全のためだというのは、この刀狩令に対するイエズス会側の観察である。③は、刀狩りのために、大仏造りという宗教の隠れ蓑が持ち出されたのだ、という。また①も刀狩りは大仏造りの経費の足しにするためであった、という。①も③もともに、大仏こそが主で、刀狩りはあくまでも従だ、と見ていた。これは重大な証言である。

いかにも、秀吉とも仏教とも敵対する、イエズス会らしい。ことに宗教の隠れ蓑というのは、みごとに的を射ていた。日本人の武装解除という噂が、民衆のあいだに広がって、動揺をひき起こしていた。それも確かなことであろう。だが秀吉が身を守るための武装解除だという噂は、はたして当たっていたか。

中世の刀と大仏

大仏は刀狩りのための宗教の隠れ蓑だ、と宣教師たちはいう。だが、なぜ大仏が刀狩りの隠れ蓑になるのか。じつは大仏と刀には、秀吉よりはるか三〇〇年余り前にも、見逃せないことが起きていた。十三世紀の中ごろ（一二四二年〈仁治三〉三月）のことである。鎌倉幕府の執権《しっけん》をつとめる北条泰時《ほうじようやすとき》が、鎌倉市中の治安を守るため、僧侶やその従者たちすべてに、太刀・腰刀《こしがたな》を帯びて町中を歩くことを禁止し、違反した者からは、見つけしだいに刀剣を没収する。それは鎌倉の大仏を造るのに寄進する、ともいっていた。秀吉の説得とじつによく似た口調が、早くもここにみえる。

刀と大仏には、もっとシンボリックな出来事が、早くからあらわれていた。それに注目したのは久野修義《ひさののぶよし》である。平安の末に源平合戦のさなか平重衡《しげひら》に焼かれた、奈良東大寺の大仏が、その五年後に再建されて、一一八五年(文治元)八月、大仏の開眼供養会《かいげんくようえ》を迎えた。その日、大仏の供養に境内を埋めた民衆(雑人《ぞうにん》)は、きそって自分の腰刀を大仏殿の舞台の上に投げ入れはじめ、造営を指揮した重源《ちょうげん》上人の弟子の僧たちがこれを受け取る、という光景がくり広げられていた。

これは、もともと儀式のプログラムではなく、ごく自然に発生した、大仏によせる民衆の結縁《けちえん》の心からの行いであった。武器である刀を棄てて平和な大仏にささげる。それは、新しいみ仏のもとで、平和と安穏の世を祈る、民衆の素朴な心の現われであった、と久野はみている。

なお、中世いらい民衆の信仰を集めたという、大和法隆寺の峰《みね》の薬師《やくし》(西円堂《さいえんどう》)には、人々の奉納した数千もの打刀《うちがたな》・腰刀が、いまも堂の壁面をぎっしりと埋めている。同寺の記録も、この西円堂について「武具・鏡など、堂内に充満」と書いていた。なお、枕刀《まくらがたな》という刀の習俗も、中世の謡曲にはすでにみえていた。

どうやら中世の社会では、刀には信仰にも似た神秘な心情がこめられていた。だから、人々から刀を取り上げるのは、たやすいことではなく、「仏さまのために」という、特別にていねいな説得が必要であった。そんな様子が、くっきりとみえてくる。秀吉や泰時のよく似た説得も、おそらく、そのためであった。

焦点は刀に

奈良の刀狩りが始まったとき、「天下の百姓の刀をことごとく取る」政策だ、と噂されていたことを、あらためて思い出そう。それは「刀を持てば、つい争いになり、身命を落とす」と、百姓たちの合意を取りつけようとした説得であり、狙いの焦点は刀そのものにあった。

そういえば令書の第二条も、その冒頭で「取りおかるべき刀・脇指」といっていたし、この政策そのものも、執行の当初からしばしば、刀狩りとか、刀駈《かたなか》りとか、刀尋《かたなたず》ねなどと、明らかに刀に焦点をおいて語られていた。刀狩令の焦点は、やはり刀・脇指にあったのではないか。そのことは、刀狩令の執行の現場を訪ねるなかで、やがて明らかになるだろう。

なお柳田国男『日本農民史』は、百姓にとって刀狩りは何であったかをこう思いやっていた。

①兵器殊《こと》に銃砲の村に在る者は取上げられ、刀狩りと称して刀剣類までも持去られた地方もある。家の名を大切にする人々には、堪え難いことであった。そこで多くの旧家は父子兄弟が二組に分れ、一方は武士の誇りを保って出て仕え、他の一方は刀を断念して家

の存続に力めた。……今日の思想では士と農と、もう全然二元のものの如くなってしまった。
②最初は百姓は良民又は公民の総称で、武士も亦悉《またことごとく》く其中から出たものであるが、兵と農と相兼ぬることを得なくなった結果、百姓は武士よりも低い身分と為《な》った。数百年の由緒を有する農家にとっては、刀をとられることは忍び難い零落《れいらく》であった。

刀狩りによって身分が士と農に分けられ、百姓は低い身分に落とされた。だが刀狩りはなによりも、「家の名を大切にする人々には、堪え難いこと」であり、「忍び難い零落であった」とみていた。刀狩りというのは、なによりも、百姓たちのもつ名誉の心を深く傷つける、たえ難い屈辱であった。ただ現実には、刀は小家にも隠匿されていることが多かった。だから、武装解除の痛手というよりは、身分の誇りを奪われたのが衝撃であった。

つまり、武装権はなによりも名誉権であり、人の尊厳そのものであった、という。この見方は、百姓たちにとって、刀狩りのほんとうの意味は何であったかを示唆する、するどい評言であった。なお、この大正の末年（一九二六年）にはすでに、秀吉の刀狩りは民衆を武装解除した、と柳田のような知識人たちにまで信じられていたという事実も、私たちの刀狩りの通念の早い広がりを知る上で、やはり見逃せない。

3 原刀狩令の発見

原刀狩令を探る

秀吉の刀狩令とよく似た措置が初めて登場するのは、その三年前の一五八五年(天正十三)の春である。紀州(和歌山県)で雑賀《さいか》一揆の制圧を進める秀吉は、三月下旬のころ「雑賀にたてこもる一揆の張本人たちはすべて干殺《ひごろ》し(兵粮攻め)にするが、そのほかの地つきの百姓たちは命を助けてやり、鉄砲や腰刀などの武器を没収するだけで、許してやろう」と語っていた。一揆方の鉄砲や腰刀などの武装解除を条件に、ふつうの百姓たちは助けてやろう、というのであった。それほど多くの鉄砲や刀が一揆方にはあったことになる。

ところが、四月下旬になると、あらためて一般の百姓たちの助命を表明し、その上さらに、「村々の百姓たちは、これからは、弓矢・鑓・鉄砲・腰刀などを禁止する。だから、鋤や鍬などの農具を大切にして、耕作だけに専念せよ」と発令していた。

ここに、武具について、弓矢・鑓・鉄砲・腰刀と、まとめて挙げているのは、三年後の刀狩令の第一条の冒頭とそっくりだし、百姓は農具を大切にし、耕作に専念せよというのも、第三条の冒頭とじつによく似ている。武器を農具にもちかえよという、秀吉の刀狩令の原型は、この雑賀一揆を制圧する過程で、すでに、はっきりした形をとりはじめていた。だから、この指令を、先の刀狩令の先行法とみて、ここに原刀狩令《げんかたながりれい》と呼ぶことにしよう。

ふつう、刀狩令が出される引き金になったのは、その前の年(一五八七年)に起きた、肥後(熊本県)の国衆一揆である、といわれてきた。秀吉の九州制圧の直後、それに反抗して、肥後の佐々成政《さっさ》領やその周辺で広く起きた、国衆の激しい一揆に懲りた秀吉が、この事件を教訓にして、その翌年、全国的な百姓の武装解除に取りかかったのだ、と説かれてきた。私もかつてはそう考えていた。

しかし秀吉は、すでに紀州一揆の戦後処理策のなかで、刀狩令そっくりの指令を出していた。つまり刀狩令の原型は、肥後の国衆一揆より二年も前、秀吉が関白になるより三カ月余りも前に出されていた。一国の基本法ともいえる全国法の原型が、秀吉の関白就任よりも前に形づくられていたのだ。この事実は、秀吉政権の成り立ちを、すべて関白という国制や天皇の権威で説明しよう、という通説を裏切って、じつに新鮮である。

原刀狩令の裾野で

この紀州一揆をひそかに支えてきた本願寺方の「宇野主水《もんど》日記」は、戦後処理の過程をこう書き留めていた。雑賀城に籠城していた一揆の首謀者五〇人は処刑されたが、そのほかはみな助けられ、二〇日分の食物を与えられて、自分たちの村に帰っていった。百姓たちが城に持ち込んでいた「道具」(家具や農具)はみな、それぞれの家に持ち帰ったが、「鉄砲筒・腰刀」はみな取り上げられた、と。つまり、いったん秀吉軍に接収された家財や農具は、すべて百姓に返すが、鉄砲や刀など武具だけは没収する、というのが戦争終結のための条件であった。

先にみた奈良興福寺の僧も『多聞院日記』で、雑賀一揆で五〇人の大将は首を切られたが、百姓たちは助けられ、武器以外の道具(農具・家具)もみな返されたという、よく似た噂を耳にしていた。これはその通りの事実だったであろう。

そういえば、室町幕府の法(追加四一〇～四四八条)でも、刀や鑓などは武具、鋤や鍬は雑具、鍋や釜は家具と、はっきり区分されていた。そうした世の通念にしたがって秀吉は、百姓の武具はだめ、家具・農具はいい、と分けた。その上で、百姓たちに「鋤・鍬などの農具をたしなみ、耕作をもっぱらに」といった。武具から農具へ、戦士から農民へ、農耕だけに専従する者へという、新しい百姓像の理念を打ち出そう、というのであった。

高野山の刀狩り

秀吉がこうして基本にすえた刀狩りの政策は、紀州一揆の戦争処理策としてだけ適用されたわけではなかった。一揆の武装解除とほぼ並行して、おなじ四月初め、秀吉は古くからこの地域に大勢力を誇る高野山に軍を向けていた。高野山のうけた指令には、こうあった。寺僧たちが学問もせず、武具・鉄砲などで武装しているのは、悪逆非道《あくぎゃくひどう》なことだ。これからは、もっぱら仏事の勤行《ごんぎょう》に励むようにせよ、と。

この噂をきいたあの奈良興福寺の僧は、心細そうな思いで、日記に書いていた。秀吉が高野山に軍勢を送って、兵具狩りをしている(兵具ヲカル)という噂だが、本当だろうか(「実否はいかが」)と。じつは興福寺も大和に君臨する巨大な軍事集団であった。奈良の町に刀狩りが行われる、三年も前のことであった。

秀吉の高野山での刀狩りの方針は、その六月にあらためて、「①これからは兵具などはすべて停止する。②仏事の勤行に専念せよ」と通告されていた。これは、あの雑賀一揆あての原刀狩令の「①これからは、弓矢・鑓・鉄砲・腰刀などを禁止する。②だから、鋤や鍬などの農具を大切にして、耕作だけに専念せよ」という表明と、文脈がじつによく似ている。

前段①の武器規定は共通だし、後段②も、百姓たちには「耕作だけに専念せよ」といい、僧侶たちには「仏事の勤行に専念せよ」と、そっくりである。農民は農耕(作る人)に、僧侶は仏事(祈る人)に、武士は軍役(守る人)にと、社会の中の三つの職能と職責のワク組みを、はっきり定めたい。それが、原刀狩令に一貫する、秀吉の新しい社会像の基本構想であった。

無血の刀狩りを演出する

その一五八五年十月、秀吉は高野山の一同に「武具などを差し上げたのは、神妙《しんみょう》である」と言明していた。高野山の刀狩りは、全山の僧侶たちが武具を自主的に進上する、という形をとって行われた。それを高く評価する、というのであった。

武具を自主的に提出させる。このやり方は、紀州の隣りの大和(奈良県)の多武峰寺《とうのみねでら》(奈良県桜井市)の武具狩りでも、並行してとられていた。高野山の刀狩りとおなじ年の閏八月末、多武峰寺の刀狩りの噂を、いつも世の噂に敏感なあの奈良の僧が、『多聞院日記』にこう記していた。「ゆうべ、弓・鑓・鉄砲や、鎧《よろい》・かぶとや、大小の刀(刀・脇指)を、多武峰の寺をあげて、奈良に運びこみ、興福寺の南大門で一夜を明かした。けさ、それらの武具をみな、秀吉軍のもとに持参して進上した、ということだ」と。

そして、まさに自分の膝元で起きた、この刀狩り事件の感想を、「これは、兵力を全く入れずに、天下を平均する方策だ」と評していた。秀吉は大軍を擁しながら、それをまったく使わず、すべて相手が進んでやったように仕向ける。これはおそるべき天下統一の力わざだ、というのであろう。

多武峰寺といえば、もとは藤原鎌足《かまたり》をまつった、天台宗の大寺である。多くの社寺を傘下におさめ、聖護院門跡《しょうごいんもんぜき》を別当《べっとう》にいただき、中世を通じて興福寺と対立し、戦国期には軍事的にも大きな勢力をほこっていた。その大寺がいまや、秀吉の指示ひとつで、寺をあげて進んで武装解除に応じた。そのことにこの僧は、明日はわが身、と恐怖を覚えていた。この評言は、秀吉の統一策の本質をついた、まことに鋭い直感であった。

そういえば、刀狩令が長々しい説得のコツをのべていた理由に、あらためて思い当たる。刀狩りは兵力ではなく、知力でやってのける。それが秀吉の身構えであった。そのやり口の原型は、刀狩令より三年も前に、大寺院にたいする武装解除のなかに、すでにあらわれていた。

「兵力を全く入れず天下を平均する」。この適切な評言は、はるか後世の私が、秀吉の政策の核心を惣無事令《そうぶじれい》(後述)と呼んだ理由、そのものである。あたかも目の当たりに進行する、秀吉の天下統一策の本質を、その激動の渦中にありながら、よくぞ見抜いていたと、この僧の歴史をみる目の確かさに、私は驚きをあらたにする。

山城の原刀狩り

紀州一揆の制圧によって、まず紀伊(和歌山県)の各地で表明され、ついで大和(奈良県)の大寺にまで及ぼされた原刀狩令は、その後、山城(京都府)にも広がっていった。かつての敵地での、つまり武装解除の色合いの強い刀狩りではなく、こんどは、いわば味方の地、秀吉政権の膝元というのが特徴である。

敵地の一揆や大寺の刀狩りを終えて、秀吉が関白になった次の年、一五八六年(推定)の七月のことである。山城のうち宇治と鞍馬《くらま》寺の地域に、原刀狩りが広がっていた。宇治の刀狩り指令は、秀吉の下でその執行にあたる奉行人(施薬院全宗《やくいんぜんそう》)の手紙によって、この地域の二人の領主あてに、こう伝えられていた。

「百姓どもの刀・脇指・鑓・そのほか武具」について、「持ち候ほど」(ありったけ)を、村々の領主が責任をもって「取りてあげよ」という、秀吉の命令である。だから、二人の領主の手で武具を取り集めたら、ひとまず武具は領主の手元にとめ置いて、その数と内訳だけを報告せよ、と。すなわち前段では、百姓のもっているすべての武器を、没収して上納せよ、というのであった。ところが、後段では、取り上げた武器は領主の手元にとめ置いて、まずは武器の明細書だけを秀吉にさし出せばいい、といっていた。

どうやら前段は秀吉の示した一般的な指示であり、後段は奉行人の指示した施行の心得であったらしい。原則は百姓の武器すべてを没収することにあった。それは確かである。ところが、その実施に当たって、奉行は内訳の書類(形だけの審査)に関心をよせていて、武器の現物を京都に集めることを、あまり問題にしてはいない様子である。

武具は預ける

おなじ山城の鞍馬寺領でも、刀狩りの実情は、似たようなものであった。

粟田口《あわたぐち》・鞍馬の「刀かり」が終わると、刀狩り奉行の前田玄以《まえだげんい》は、鞍馬寺の上に立つ青蓮院《しょうれんいん》門跡《もんぜき》家の役人に、こう指示していた。「鞍馬の具足《ぐそく》(よろい)は取り寄せて、寺の里坊《さとぼう》に置いておき、神事《しんじ》のときだけ貸し与えるように」と。この鞍馬の刀狩りの実情を、寺側でもこう書き留めていた。「刀かりの時、村中の具足は三十五、六両あったが、それを神事料として遣わされた。弓矢もおなじく寺に遣わされた」と。

よろい三五、六両のほか、弓矢も合わせて、寺の祭りに必要なものは、みな返してもらった、という。具足はその概数をのせているが、弓矢はもっと多かったのであろう、その数を記していない。具足も弓矢も、祭りのためなら返してやろう。ふだんは寺で保管し、祭りのときだけ村人たちに貸し出してもいい、というのであった。

寺領の百姓の刀狩りはやった。だが、祭礼のために、具足や弓矢はどうしても必要だ。だから返してほしい。そう、寺も村人も奉行人に訴えたのであろう。その願いは容れられた。ただし、これらの武器も、ふだんは寺で保管しておけ、祭りのときは百姓に貸し出してもいい。そうしたかけ引きがあったにちがいない。

つまり、いったんは没収するが、あらためて用途を限って、すべて免許する。そういう形式が公然ととられていた。宇治でも、没収した武器は手元に置いて、その明細書だけを出せ、といっていた。どうやら、刀狩りといっても、村々の武器は根こそぎ廃絶するとか、没収した武器は地元に置かず、すべて中央に集める、というのではなかった。

むしろ、百姓たちが日常に武器を使うことを止めさせたい。村の武器を凍結したい。何よりもそこに関心があったらしい。それに、宇治ではさまざまな武器の没収を指示し、鞍馬でも具足や弓矢を没収しながら、それを、ともに「刀かり」と呼んでいた。やはり焦点は刀にあった。

そういえば、おなじ年(推定)の七月十八日、おなじく山城(京都)の賀《か》茂《も》別《わけ》雷《いかずち》神社でのことである。その社僧たち一五〇名ほどが、一通の誓約書に名を連ね、互いに申し合わせを定めて、こう誓っていた。「このたび、関白《かんぱく》様から刀駈《かたなか》りを命じられたので、社領の百姓たちが所持している太刀・刀・武具などを、自分たちで預かったり、売買したりすることを、かたく停止する。もし違反する者を知りながら隠しだてしたら、ただちに処刑する」と。

百姓たちの太刀・刀・武具などを、刀狩りを避けて、領内の百姓たちが、ひそかに社僧に預けて隠したり、売り買いしたりする。そのおそれが予知されていたのであろう。ここでもやはり「百姓たちの太刀・刀・武具」といいながら、冒頭では「関白様の刀駈り」と呼んでいた。

秀吉の鉄砲所持禁止令

なお、戦国の三〇年余りを日本で暮らしたルイス・フロイスは、その『日本史』のなかで、気になるコメントを遺していた。秀吉は自分の身に流弾が飛んでくるのを避けようとして、その宮廷のまわりの二、三カ国で「いかなる者も鉄砲を所持することを、死をもって禁じた」と。秀吉は畿内《きない》の二、三カ国を限って、鉄砲の所持を厳禁した。やはり一五八六年ころのことらしい。刀・脇指とは別に、地域を限り、鉄砲だけに焦点をしぼった鉄砲うちの禁令が出されていた、というのであった。刀狩りとは別ルートの武器規制がなぜ必要だったか。

そのよい傍証がある。秀吉の刀狩りにも関与していた、奉行衆のひとり長束正家《なつかまさいえ》が、やはり秀吉側近の石田三成《いしだみつなり》に宛てて(秀吉の指示で)こう伝えていた。「鉄砲のことは、先に狼谷の滝谷や山科の本願寺の古屋敷(京の郊外)で放つのはいい、と触れておいた。だが、これを改定して、ひろく京・伏見・大坂の近辺では、鉄砲放ちをいっさい停止する」と。

この指令は、年次も原法令もまだ明らかではない。しかし、フロイスが「宮廷のまわりの二、三カ国」といった通り、明らかに秀吉は、京(聚楽第)・伏見(伏見城)・大坂(大坂城)など、いずれも秀吉の拠点とする大城郭、つまり彼の宮廷のある地域だけを限って、その周辺で鉄砲を射つことを全面的に禁止する、と指令していたのは、確かなことであった。ただ、フロイスのいうような「所持」そのものの禁令ではなく、地域をかぎって、鉄砲うちを禁止する、という「使用」の禁令であった。

しかし刀狩令は、鉄砲の没収をも、その主文ではっきりと掲げていた。それで十分だったはずではないか。あるいは、百姓の鉄砲を徹底して狩ることは、じつはもともと刀狩りの日程にのぼっていなかったのか。それとも、この発砲の禁止は、武士向けだけだったのか。

4　秀吉の惣無事令

九州の平和令

原刀狩令の広がりと並行して、全国にわたる戦争制御のプログラムが進行していた。これを奈良の僧は「兵力を全く入れず天下を平均する」策だ、と評した。私はこの方針に注目し、それを秀吉の惣無事令《そうぶじれい》と呼ぶ。「大名の平和」へのプログラム、といってもいい。

原刀狩令を出した一五八五年(天正十三)の七月、秀吉は関白になった。その十月初め、秀吉は、九州で激しく交戦していた大友氏と島津氏に宛てて、「国郡境目の相論《そうろん》は自分が裁く。敵味方ともに戦闘を止めよ」といっていた。それは叡慮《えいりよ》つまり天皇の意向だ、ともいっていた。

戦国大名たちの戦争の本質は「国郡境目の相論」つまり領土紛争だ、と秀吉はみていた。だから、もし領土争いなら、裁判によって平和裏に決着がつけられる。戦争は放棄できるはずだ。その裁判は自分が引き受けよう。もしこの提案を無視すれば成敗する、というのであった。

この戦争(自力)放棄の呼びかけに応じて、大友氏は当主の宗麟《そうりん》自身が大坂城へ出頭した。島津氏も使者の鎌田政広をはるばる大坂に送った。秀吉はこれを九州の平和と評価した。そこで、その二人に秀吉は、「九州国分《くにわけ》」という、九州全域にわたる「国郡境目」の分割案、つまり領土裁定を示して帰国させた。裁定案の提示は「面談」つまり口頭であったという。

領土裁定——国分け案の提示

その口頭の内容は、どのようなものであったか。急いで大坂から薩摩(鹿児島県)へもどった使者鎌田の報告によれば、こうであった。いま島津氏が制圧している九州のうち、肥後半国(熊本県)・豊前半国(大分県)・筑後(福岡県)は大友氏に返せ。肥前一国(佐賀県・長崎県)は毛利氏に渡せ。筑前(福岡県)は秀吉に渡せ。それ以外は島津氏が抱えてもいい、というものであった。これで九州全域が平和になるだろうと、秀吉は語っていたという。

しかし秀吉の裁定案は、「過半の九州は島津殿が進退」(九州の大半は島津が支配している)という、九州の現実をまるで無視して、島津氏に厳しいものであった。島津氏に残されたのは、本領ともいえる薩摩・大隅(鹿児島県)・日向(宮崎県)のほかは、わずかに肥後半国(熊本県)・豊前半国(福岡県)だけであった。

一五八六年三月半ば頃の時点で、回答期限は七月以内と定められ、それを過ぎれば秀吉が出馬する、と通告された。薩摩と大坂を往復する時間と距離を思えば、ほとんど即答の要求に近いものであった。この裁定を大友氏はただちに受け入れたが、島津氏はこれを拒否した。

「九州征伐」へ

翌八七年、秀吉は裁定の強制執行に乗り出して大軍を送り、これを「九州征伐」と呼んだ。秀吉の裁定を受けながら、それを拒否したから制裁する。それが征伐ということばの意味であった。秀吉の政策は一貫していた。戦争という手段、つまり大名の自力による紛争解決を、「私戦」(かってな戦)とみなして排除し、「互いの存分を聞く」(双方の言い分を聞いて裁定する)という、新しい紛争解決の手段を示していた。自力の戦争から平和な裁判へ、という呼びかけであった。百姓に向けた刀狩り、つまり「百姓の平和」のプログラムは、大名間の戦争の抑止、つまり「大名の平和」のプログラムと並行して進められていく。

関東・奥両国惣無事令

戦争の停止から裁判へという秀吉の提案は、九州だけでなく、関東から奥羽にまで広げられていく。すでに四国(長宗我部氏)も、中国(毛利氏)も、東海(徳川氏)も、越後(上杉氏)も、強豪大名たちはみな秀吉に従っていた。

九州に停戦令を出した翌年、一五八六年(天正十四)十一月十五日、その直前、秀吉に服従していた徳川家康は、秀吉の指示をうけて、相模(神奈川県)の大名北条氏政《ほうじょううじまさ》あてに、こう伝達していた。「関東惣無事の件を、秀吉からいってきた。そのことは先に申し入れたが、ここに、秀吉の文書をお目にかける。熟慮のうえ、ご返答を待つ」と。

惣無事というのは、広い範囲の和平、あるいは講和という意味である。関東惣無事といえば、関東のレベルで戦争を放棄して平和を実現する、という秀吉の意図を指していた。

その年の四月、すでに秀吉は、常陸(茨城県)の佐竹氏あてに、こう提案していた。「会津(芦名氏)と伊達《だて》(政宗《まさむね》)が、長いこと戦争をつづけている、という。天下が静謐に向かっているいま、困ったことだ。早く無事(平和)を実現するよう、奔走されたい。双方の境目は、現在の勢力圏(当知行《とうちぎょう》)ということでいいだろう。もし、双方に異存があれば、秀吉の使者を派遣しよう」と。

①南陸奥の芦名氏も、出羽の伊達氏も、ともに戦争を止めよ。②互いに今の勢力圏を境界にする(現状維持)ということで、平和を実現せよ、というのであった。ここは、南奥羽でもっとも激しい、戦国争乱の焦点であった。この提案の筋書きは、先の九州あて私戦停止令とそっくりである。①は私戦の停止令であり、②は領土の調停案であった。秀吉は関東から奥羽にかけて、九州とおなじ平和計画を、全国におし進めようとしていた。

その翌年四月、秀吉はさらに関東から奥羽の小大名たちに宛てて、「関東・奥両国の惣無事」をいっせいに提案し、上使を送っていた。大名たちが進んで平和を受け入れれば、秀吉が領土裁定を提案しよう。そうすればもう戦争をしなくてもいいだろう。秀吉はそういっていた。彼が示した裁定の基準は、「当知行」つまり現在のお互いの勢力範囲を境界とする、というものであった。提案というよりは、ほとんど命令であった。

関東・奥羽あての惣無事令には、先の九州令にあった天皇の名は、もはや記されていなかった。この提案を奥羽に伝達した秀吉の上使を迎えて、出羽(山形県)の最上《もがみ》氏は「天下一統にご安全に」というのがこの使者の使命だ、と了解していた。秀吉の惣無事令は天下統一の平和令だ、という理解が奥羽の現場でも生れていた。

南出羽(山形県)の激動の焦点は、庄内《しょうない》の紛争であった。庄内の大宝寺《だいほうじ》氏をめぐる、最上派と上杉派の内紛は、秀吉から「互いの手出しあるべからず」と交戦の凍結が求められ、双方とも都に召喚された。ここでも、私戦の停止から領土裁定へ、一貫した措置が講じられようとしていた。紛争の解決は現地からひき離され、当事者の自決権は否定されて都に移されていった。

奥羽の領土紛争の焦点は、南陸奥の黒川(会津)であった。佐竹派と伊達派に分裂した芦名家の内紛は、惣無事令を無視した伊達政宗の黒川占領と南陸奥の統一によって、秀吉の介入を招いた。秀吉方は、伊達氏の行動を「私の儀」(私戦だ)と告発しながら、「すべては秀吉をうけ容れた大名たちのためだ」といい、領土紛争は「双方の申し分をよく聞き」その上で裁定する、という態度をとりつづけた。やがて、黒川の地は伊達氏から没収され、芦名氏は断絶する。いわば喧嘩両成敗の措置であった。

秀吉の惣無事令を拒んで決戦の態勢を強化していた関東の大名北条氏も、二年後の一五八八年(天正十六)閏五月(刀狩令の二ヵ月前)、ついにこれを容れて上洛する。秀吉はこう言明した。「関東のことはすべて秀吉次第にと、北条が詫びをいれたので、やがて上使を派遣して、関東の国々の境目を確定しよう」と。私戦を抑止して領土(境目)の裁定へ。まさしく「兵力を全く入れず天下を平均する」と評された、刀狩りの方針と一貫した方策が、いま東国でその最後の段階を迎えようとしていた。

Ⅲ　刀狩りの広がり

大坂城の北外郭跡地から出土した刀の鞘
（大阪市文化財協会提供）

1　東国の刀狩り

美濃の刀さらえ

ほんらいの秀吉刀狩令が出されたのは、原刀狩令から三年余り後、一五八八年(天正十六)七月(八日)のことであった。それがどのように実施されていったか。およそ年代を追って、地域ごとに、その実態をたずねてみよう。

まず、東海・北陸からの情報が早い。その年、白山の山麓にある美濃(岐阜県)長滝寺では、地元の白山宮の年代記に、「関白殿の御分国で武具サライがあった」と記されていた。ただ、どうやら地元の白山山麓での出来事というより、関白秀吉の勢力圏すべてに刀狩りがあった、という世の噂を書き留めた、という風である。

刀狩りがここでは「武具サライ」と呼ばれていた。「さらう」には「すっかり取り去る」という意味がある。おそらく、武具すべてを没収するという噂が、大きな衝撃として、ここ美濃の山間にまで広まっていた。一三年前に柴田勝家のやった、越前(福井県)の刀狩りも「刀さらへ」と呼ばれていた。

加賀の刀狩り

その美濃から白山の山並みを北に越えた、加賀(石川県)の大聖寺《だいしょうじ》領内(江沼・能美二郡、四万四千石)では、城主の溝口秀勝が、発令された翌月の初めには、すでに刀狩りを終えていた。秀吉につかえる小大名とはいえ、じつにすばやい反応が目を引く。

彼は「分領の百姓の刀・脇指、そのほか武具、ことごとく取り集め」ると、すぐに、没収した武具に送り状を添えて、秀吉のもとで刀狩り奉行人を務める、前田玄以らに送り届けていた。京都からも、その年の八月十八日づけで「加州江沼百姓らの武具の請取状」が交付された。発令からわずか一カ月余り後のことであった。

武具の請取状をみると、刀狩りの実情がよくわかる。その内訳は、刀一〇七三腰・脇指一五四〇腰・鑓身《やりみ》一六〇本・こうがい五〇〇本・小刀七〇〇本の五種類で、合計は三九七三本にのぼっていた。この合計の数だけみると、刀狩令の徹底といえそうである。先の送り状には「百姓の刀・脇指、そのほか武具、ことごとく」とあったが、「そのほか武具」は内訳にみえない。はたしてこれで「武具ことごとく」といえるのか。

刀狩りの監察意見

請取状に添えられた京の取次ぎ役からの手紙には、刀狩り奉行からの意見や指示が、二つ記されていた。その一には、「刀・脇指の員数が少ない、ということだ。ただ、秀吉は何もいわれなかった」とあった。奉行が溝口氏の刀狩りの成果を監察し、秀吉もそれに目を通していたらしい。刀・脇指の提出がまだ少ない、というのである。

刀狩令の冒頭の指令とくらべると、もっとも強力な武器であったはずの、弓矢や鉄砲が一つもふくまれておらず、鑓身(鑓の穂先)もわずか一六〇本しか提出されていない。ところが監察意見は、そのことには何も触れず、刀・脇指だけを問題にし、提出された二六一三腰では少なすぎる、と警告していた。

あらためて武具の明細をみよう。ほとんど四〇〇〇本と、かなり大量にみえる武具も、鑓身一六〇本(四パーセント)のほかは、刀・脇指と、それにつく笄《こうがい》・小刀だけで、すべては大小の刀とその附属の小物だけであることに気づく。つまり、没収され届け出られた三九七三本のうち、じつに九六パーセントまでを、刀・脇指類だけが占めていたことになる。にもかかわらず、監察意見は、まだ「刀・脇指の員数が少ない」と警告していた。

どうやら、現地でも中央でも、刀狩りへの関心は、もっぱら刀・脇指にあった。そう考えなければ、この刀・脇指へのこだわりは理解できない。先にみた原刀狩りの過程でも、すべての武具の没収を、と号しながら、それを「刀かり」と呼んでいた。これは、刀狩令の本質に迫る、重要なカギである。

町人をどうするか

添えられた指示の二つめも、この疑いを解く大切なカギになる。そこには「町人で田畠を作らない者には、人(御用商人カ)を指定して、これからは、刀・脇指をもたせてもいい」とあった。刀狩り後をどう始末するかの定めである。ここに、刀・脇指を重視することの意味が、くっきりと浮かび上がってくる。

「町人で田畠を作らない者」というのは、「田畠を作る百姓」と「田畠を作らない町人」をはっきりと分けて、特定の町人だけを指定(人さし)して、帯刀(二本指し)を免許してもいい。刀と脇指の二本を腰に指すのが帯刀で、それは免許制にする、という措置であった。

いったん刀狩りを行った上で、あらためて刀を免許する。この措置は、帯刀する権利を刀狩りで原則として否定し、その上で、人を定めて免許しよう、という狙いであった。さらに「田畠を作る百姓」と「田畠を作らない町人」を分ける。つまり農と商の分離も、刀狩令の大きな狙いであったらしい。

前田利家の刀狩り

ついで、おなじ加賀と能登(ともに石川県)の大名であった前田利家の領内では、四カ月ほど遅れて、十一月六日づけで、大名からこう指令されていた。その現地指令を、①〜③の段落に分けて吟味しよう。

まず、段落①では「大仏殿の釘・かな物の御用として、国々在々の百姓どもの刀・脇指を、改めて、差し上げよ、と仰せ出だされた」。利家は家来たちをこう説得していた。その冒頭に、秀吉が令書の第二条で語った、没収した武器は大仏の釘やかすがいに使う、という説得の趣旨が、しっかり掲げられていた。ところが、ここでは、話の筋がみごとに逆転していた。

大仏を造るのに多くの釘やかすがいが必要である。だから、その材料として百姓の刀・脇指が欲しい、というのであった。大仏が目的で、刀狩りはその資材集めの手段だ、という文脈であった。大仏が大きく前面に出ていた。大仏のために刀をさし出すといえば、先にみた大仏開眼の光景とそっくりではないか。そういえば、奈良の刀狩りでも、刀は大仏の釘に使う、と言いふらされていた。大仏への結縁が主で、刀狩りは従だ、というのであった。その大仏のもつ意味の大きさを、どうやら私は、とらえ損ねていたのかも知れない。

なお、ここでも「国々在々の百姓どもの刀・脇指」といって、対象を国ごと村ごとの、百姓の刀・脇指だけに限っていた。前田令ははじめ、すべての武具を掲げてはいなかった。おなじ加賀で溝口氏の刀狩りも、百姓の刀・脇指だけを主に没収していた事実が、あらためて思い出される。やはり、焦点は刀・脇指にあった。

村まかせの刀狩り

つぎの段落②では「代官・給人《きゅうにん》は、各地の村ごと、家並みに、刀・脇指・鑓・鉄砲を、あり次第にさし出せ。もし隠したら、後でわかっても、処罰する。きっと糺明して差し上げよ」といっていた。刀狩りは「村ごと、家並み」に執行せよ、という。

村が責任をもって自主的に実施せよ。それは、刀狩りを村請けで行おうというのであった。そのことは、つぎの③で、より明らかになる。なお、ここでは、弓矢を除く武器がひと通り、ほぼ令書通りに、並べ立てられている。それなのに、なぜ、冒頭で「百姓どもの刀・脇指」といったのか。たてまえはすべての武器だが、本音は刀・脇指ということか。

最後の段落③では、「村々のおとな百姓どもに、誓詞《せいし》をさせ、差し上げさせよ」といっていた。別の指令では「おやま(尾山、金沢城)へまかり出て、誓詞をさせよ」ともいっていた。村々の長老の百姓たちを、大名のいる金沢城に呼び出して、誓約書(起請文《きしょうもん》)を書かせる、という態勢であった。刀狩りは、大名と百姓の誓約という形で、執行されようとしていた。

そして、現地の刀狩りの執行を、城で誓約書を書いた百姓たちの責任で、村ごと、家ごとに、「おとな百姓」たちの請負い、つまり村請け、村まかせで行おう、というのであった。村のなかの武器事情は、村の長老がよく知っている、というのか。それとも、長老たちこそが、村でも有力な武器の持主だ、というのであろうか。その双方であったにちがいない。

利家のような秀吉に近い大名領でも、大名の代官や領主がじかに村ごと家ごとに乗り込んで、村人の武器を根こそぎ取り上げる、という態勢ではなかった。刀狩りは村まかせだった。これも、刀狩りの実情を探る、大切なカギである。

若狭の刀狩り——害獣駆除の武器は免許

つぎは、若狭(福井県)の刀狩りである。発令の翌年冬、一五八九年(天正十七)十一月、すでに刀狩りを終えていた大名の戸田勝直は、三方《みかた》郡の村にこういっていた。「先に刀・諸道具かりをしたが、その時、佐田村は山寄りでシシが多いので、鑓一〇本を許してやった。もし違反するものがいたら、申告すべし」と。こうして、ここでは鑓の没収は免除されていた。

中世の荘園の世界では、よく「当所のことは、一夜もしし・さるを追わで叶わず」とか「ししとり荒らし……百姓らも損にて」と語られていた。シシというのは猪や鹿のことである。その狩猟のためというのではなく、山間の村では、農作物を喰い荒らす害獣を除く、という目的のために、とくに鑓一〇本を村人に免許する、というのであった。

耕作にあたえる害獣の被害が多く、それが年貢を減らす大きな原因となっていた。秀吉の刀狩令が、村人に害獣を追う武器を、許容せざるをえなかったのは、必至であった。村の武器を根こそぎに狩るというのは、はじめから不可能なことであった。その必要と免許は、徳川の世になると、もっと広がっていく。

甲斐の刀狩り

害獣を駆除するといえば、一五九一年(天正十九)四月、甲斐(山梨県)の大名だった加藤光泰は、ある村に宛てて、こう語っていた。「国中で鉄砲をうつことを停止した。だが、熊や猿や鹿をうちたいと申請があったので、免許する。それらの皮を間ちがいなく指し上げるようにせよ」

と。山あいの村が、害獣を追い、また狩猟をするのに、鉄砲を禁止されては困る、と抗議した。そのため大名は、毛皮の進上を条件にして、村の鉄砲うちを公認した。村の鉄砲は元のまま遺されたらしい。

「国中で鉄砲をうつことを停止する」という指令は、浅野氏の特令であったか。それとも、先に秀吉が定めていた、都周辺での鉄砲うち禁令が、諸国に拡大されようとしていたのか、まだ確かではない。しかし、刀狩りを進める一方で、なぜ、村々に鉄砲うちの禁令を定める必要があったのか。鉄砲を没収すれば、この禁令はいらないはずである。このギャップは、刀狩令の現実を知る上で、やはり見逃せない。

少し後の一五九五年(文禄四)正月、おなじ甲斐で大名の浅野長継が、逸見筋三カ村の百姓二人ずつを「鉄砲免許の者ども」に指定して、「耕作のために、鹿・猿打ちを免許する。そのほかの鳥類を鉄砲で打つのは違法だ」という、鉄砲の免許状を与えていた。この但し書きは、作を荒らす獣害をうつのはいいが、鳥はうつな、といっていた。おそらく、大名が鷹狩りをするのに、その餌になる鳥を保護しよう、というのであったにちがいない。村の鉄砲うちが、大名の鉄砲うちと、競合して広がっていたことになる。

なお、おなじ浅野氏は、その前年の春に、領内のうち丹波金山の金掘りたちに、関東境いの山中で金掘りをする時、よその金掘りに体面を保つため、とくに刀・道具を許すといって、彼らの武装を公認していた。身分の表象として帯刀を認めよう、というのであった。

こうして、刀狩りによる武器の抑制は、原則として広く行われていた。だが現実には、村々にかなり多くの武器が、さまざまな名目でのこされていた。そんな様子が見えてくる。

2　西国の刀狩り

中国地方の刀狩り

宣教師のルイス・フロイスは、諸国で進む刀狩りの噂をきいて、こう語っていた。

①暴君(秀吉)は、諸国の武士でない者から、すべて刀を没収するように命じ、それでもって、大仏製造のための鋲《びょう》飾りを作ることにした。

②山口地方の九カ国の国主、毛利輝元だけでも、刀剣を積載した六隻の船を差し遣わしたという。

この①によれば、秀吉の指令の核心は「武士でない者」から「すべて刀を没収する」ことにある、と伝えられていた。刀のあるなしで武士と「武士でない者」を峻別する。刀狩令は身分を決めるためなのだ。フロイスはそう見抜いていた。これは重要な証言である。

また、ここでも、刀を没収するのは「大仏製造のための鋲飾り」にするためだ、と宣伝されていた。刀狩りの令書で秀吉の指示していた、あの説得の口ぶりは、フロイスの耳にも、そのまま噂として伝わっていた。刀狩りは大仏と切りはなせない、一つのプロジェクトであった。

つぎの②によれば、中国地方で最大の大名だった毛利輝元の領内からは、じっさいにも、やはり「刀剣」だけが大量に没収され、それらが六隻もの船に積まれて秀吉のもとへ送られた、と噂されていた。刀の有無で身分を分けるのだ、というフロイスの証言は、確かなものであった。毛利氏のやった、つぎの出雲(島根県)の刀狩りがそれを裏書きする。

出雲の刀狩り

大名毛利領の一隅であった、出雲の杵築《きづき》大社領では、秀吉の刀狩令の出たその年のうちに、「刀尋《かたなたずね》」が終わっていた。集めた刀は毛利家の奉行人のもとへ提出され、つぎのような武器の請取状が、杵筑大社の代官に交付された。

請取状のタイトルには「請け取り申す、刀・脇指の事」と明記されていた。やはり没収されたのは刀・脇指ばかりであった。その明細をみると、じっさいに提出された刀・脇指は、合計一九五腰(なお刀二腰と脇指一腰は未提出)で、内訳は一二郷の九九人分、とあった。そのほかの武器は、何も記されていない。この一通の明細書から、毛利領でどんな刀狩りが行われたか。その舞台裏が見えてくる。その仕組みは、おそらく、こうであった。

杵築社領のうち一二の村々を対象に、合わせて九九人(一村あたり八人ないし九人)の、ふだん帯刀している百姓から、一人あたり、刀・脇指一腰(大小二本、帯刀の単位)ずつ、合わせて一九八腰(一二郷の九九人×二腰＝一九八腰)を出させよう、という計算であった。この計算をもとに、一二の村々ごとに、八人ないし九人を対象に、一腰二本の刀・脇指を提出させた。しかし、算出した刀・脇指合わせて一九八腰(没収予定数)のうち、三腰だけは未提出になっている、というのであった。

村で帯刀している者から、一人あたり一腰(大小二本)を提出させよう、という機械的な計算にもとづく刀狩りであった。この積算と没収の作業は「刀尋」と呼ばれた。それは、対象があくまでも百姓の指す両刀だけであったことを示していた。

その実務は、大名毛利氏の奉行が、じかに強行したわけではない。現地まかせで、大社の社官であった佐草氏がそれを請け負って、佐草氏はそれを村々にまかせた。佐草氏は「刀尋」が終わると、その功労によって、毛利氏の奉行人から、刀・脇指をふだんに指してもいい、ほかの武具等も所持していい、と公認されていた。そのほか、この大社領の浦々の船頭や浦役人たちも、刀・脇指が免許され、ふだんに指すことを認められた。

つまり、「刀尋」が終わると同時に、早々と帯刀や武具の免許が行われていた。この「刀尋」以後、この社領(おそらく、広く毛利領内)の村々では、主だった百姓たちも、大名の免許なしには、ふだん公然と刀・脇指を指したり、武具を携帯したりする、ということができなくなった。中世の村の身分表象の風景が、刀狩りで大きく変わった。

ここにも、百姓のすべての武器を調べあげて、根こそぎ取り上げよう、という姿勢はみられない。百姓一人につき刀・脇指を、それぞれ一腰ずつ狩るというのは、明らかに、大小一組という、百姓たちの帯刀の単位を意味していた。一村におよそ八人ほどという人数も、ふだん帯刀している村々の有力な百姓たちを、ほぼ網羅する数であったにちがいない。

ごく機械的に形だけ行われたかにみえた、一人あたり大小一腰を出せという方式は、じつは中世百姓の帯刀権を原則として剥奪する(帯刀を原則として武士だけにかぎる)という、象徴的な行為であったことになる。刀狩りを画期として、百姓の帯刀を原則として免許制にする。このたてまえを創り出すことに、刀狩令の真の狙いがあった。

とすれば、刀だけ狩るのは刀狩令を骨抜きにするものだとか、令書の趣旨を形骸化するものだ、などと評すべきではあるまい。その指令が、はじめから、文字通り刀狩りとか「刀尋」などと呼ばれたのは、このためであった。

しかし、帯刀権が剝奪されることと、百姓たちの武器が根こそぎ没収され、武装解除されることとは、まるでちがうことではないか。一腰の刀（一組の刀・脇指）だけが、百姓の武器のすべてではなかったからである。村々には、なお大量の武器がそのままにのこされた。民衆の武装解除とか、村の武器の廃絶という、私たちの刀狩りの通念と、刀狩りの現実とのあいだには、大きな隔たりがあった。

島津領の刀狩り

九州の刀狩りが現実に動き出すのは、刀狩令の翌年の一五八九年（天正十七）に入ってからであった。

薩摩（鹿児島県）の大名島津氏は、二年目に入るとすぐに、秀吉の奉行人から、刀狩りの遅れを咎められていた。「刀かり」の執行をしばしば督促しているが、どうなっているのか。まだ刀を上納していないのは、島津領だけだ。「侍《さむらい》でない者」の分をあらため、急いで上納せよ。そう急がされていた。このサムライは、村にいる武家奉公人たちのことであった。

ここでも、「刀かり」と呼ばれていた。この督促にあわてた島津義弘は、国元にこう指示した。すべての諸国が、すでに「刀借《かたなかり》」を終えて、年内に刀の上納を済ませているのに、いったい島津領はどうしているのかと、秀吉の奉行たちに疑われている。とりわけ、「国もとの長刀」は、京都にもよく知られているのだから、「短き刀」ばかり上納してはならぬ。長短の刀をとりまぜ、刀の数もそろえ(適当に見つくろって)早く上納せよ、と。島津氏自身も、やはり、もっぱら刀の長短だけを問題にして、「刀借」といい、ほかの武器には、ひとことも言及してはいない。

その夏までには、島津領の現地でも、刀狩りを終えて、上納したらしい。秀吉がじっさいに受け取ったのは、大仏殿の柱一本と、島津領内の百姓たちの刀・脇指が三万腰であった。ほかの武器はなかった。それでも秀吉は喜んで、「感悦斜めならず」と義弘をねぎらい、刀・脇指ばかり三万腰でも、これで十分に刀狩りは達成されたと、満足していた。ここでも、文字通り「刀かり」が、実施の焦点であった。大刀・脇指セットで三万腰ということか。

大仏殿の柱一本を刀・脇指三万腰といっしょに納めた、というのも面白い。大仏にふさわしい巨木が送られたのであろう。やはり島津領でも、刀狩りと大仏殿の造営は、切り離せない一体のこととして、刀狩りの現場でも宣伝され、受け止められていた。大仏のため刀狩りに協力を、という刀狩令の説得の趣旨は、南九州の島津領にも確かに伝えられていたことになる。

筑後・肥前の刀狩り

その年の四月、筑後(福岡県)の筑紫《ちくし》広門《ひろかど》領でも、領内の百姓・町人の「刀駈《かたなかり》」が指示されていた。また肥前(長崎県)平戸の松浦領では、町人・百姓を対象とした「領内の刀駈り」が行われ、「当国中の武具改め」ともいわれていた。その秋の終わりに、おなじ肥前の龍造寺政家《りゅうぞうじまさいえ》も「百姓の刀・脇指」を「早々に取り集めて差し上げた」と、秀吉にねぎらわれていた。

「当国中の武具改め」、つまり、国じゅうの武器を取り上げる、とはいっても、現実に行われたのは、「百姓の刀・脇指」の没収と上納であった。「刀駈」「刀狩り」という言葉は、百姓の武器狩りの総称というよりは、やはり刀そのものが焦点であった。

九州の刀狩令もまた、北九州でも、南九州でも、現実には、刀・脇指を焦点とし、文字通り、刀狩りとして推進された。といっても、九州の百姓たちの刀・脇指が根こそぎ没収されたわけではなかった。その実情は、やがて、朝鮮侵略をはじめた頃の刀狩り(後述)で明らかになる。

3　奥羽の刀狩り

奥羽刀狩りの原則

東北地方の刀狩りは、一五九〇年(天正十八)八月、小田原落城につぐ、奥羽仕置《おうしおき》(支配)の開始とともに、各地に広げられていった。その要綱は、全五〜七カ条に及ぶ、秀吉の奥羽仕置令の重要な一環として、こう宣言された。

「日本六十余州の村々の百姓は、すでに、刀・脇指・弓・鑓・鉄砲、一切の武具類を持つことが停止(禁止)されている。この法は出羽・奥州両国にも適用される。これ以後、もし奥羽で武具を所持する百姓があれば、本人はもとより、その村も同罪である」と。

冒頭の武器の羅列ぶりからみて、明らかに秀吉は、一五八八年(天正十六)の刀狩令の原則を、そのまま奥羽におし広げよう、と企図していた。刀狩令の原則の再提示といってもいい。これは全国法の適用なのであって、奥羽だけ特別に刀狩令を出すわけではない、というのであった。また、違反すれば村も同罪というのも、刀狩りを村の請け負いの形で実施した、先の加賀の例とそっくりである。やはり奥羽にも村まかせで刀狩りを行う、という表明であった。

そこには刀狩りの原則の宣明があった。つまり、もう一つの箇条では、「武家の諸奉公人は、給恩をもって、その役を務めよ。百姓は田畠の開作をもっぱらにせよ」といっていた。武家と百姓を峻別する。それが刀狩令のほんとうの狙いであった。あの刀狩令の第三条のくり返しであった。

僧(祈る人)は仏事を、武士(守る人)は軍役を、百姓(作る人)は耕作をという、あるべき新しい社会像への強い訴えかけが、いま完結しようとしていた。秀吉はまさに「日本六十余州」つまり天下統一の実現を目前にして、この大げさな刀狩令を奥羽に発したのであった。

ただ、はじめの刀狩令にあった「耕作をもっぱらに」が、奥羽では「開作をもっぱらに」と変わっているのだけが、少しちがう。とくに「開作」といったのは、長い奥羽の戦禍に荒れ果てた、村々の田畑の復興を意味し、それが大きな課題になっていたからであろうか。

刀狩りが白河関を越える

じっさいの刀狩りは、秀吉のひきいる軍が奥州白河(福島県白河市)を北に越えた、翌日の八月七日、城主の新国《にいくに》氏の領域であった、長沼(福島県長沼町)に着くと同時に、詳しい検地令と並んで、発令された。おなじ月の十八日にも、秀吉は「出羽・奥州、そのほか津軽の果てまでも、百姓らの刀・武具駈りと検地以下を命じた」と語っている。刀狩令と検地令は、天下統一の最後の仕上げとなる、奥羽仕置の基軸であった。

長沼一帯あての刀狩令は「長沼そのほか村々の百姓たちに、刀・弓・鑓・鉄砲、ならびに武具類をかたく改め、すべてを取り上げよ」というものであった。これが、いま知られる、奥羽刀狩りの初令である。その対象には、刀のほかすべての武具を掲げていたが、これも、もとの刀狩令の主文のくり返しであった。

その九月二十日、秀吉の奉行として出羽(山形県)の仕置を進めていた大谷吉継《おおたによしつぐ》は、米沢城《よねざわ》(山形県米沢市)の伊達政宗《だてまさむね》に、城の破却と武具狩りはどうなっているか、と圧力をかけていた。翌十月七日、北奥の平泉(岩手県平泉町)に入った奉行の浅野長吉も、秀吉から「百姓刀狩り」をしっかりやれ、と念を押されていた。刀狩りが、奥羽仕置の要として、それだけ重視されていたことになる。

しかし、現実はおのずから別であった。おなじころ、陸奥の葛西《かさい》・大崎一揆のすぐ後、新たに秀吉方の木村吉清領となった米泉《こめいずみ》(宮城県宮崎町)でのことである。まだ新参の秀吉大名の課役を拒否しようという「古奉公人・地下《じげ》年寄」つまり、大崎旧臣や村々の長老たちが集まって、「かくして置いた刀、三腰」を持ち出して実力で抗議し、それを理由に三〇人余りが処刑されていた。

隠した刀でというのは、もともと帯刀していた村の長老たちが、秀吉の刀狩りで帯刀を禁じられたにもかかわらず、刀・脇指を三腰も持ち出して争ったため処罰した、というのであろう。刀狩りの後も、村にはなお刀・脇指が隠されていた。しかし、それを公然と持ち出して使えば、罪になった。それが刀狩りの現実であった。刀狩令がザル法だったのではない。武器は持っていてもいいが、もしそれで人を殺傷すれば罪になる。刀狩りはこうして浸透しはじめていた。

一揆の武装解除と刀狩り

おなじ十月、出羽の仙北《せんぼく》(秋田県横手地方)で起きていた、反秀吉の一揆の解体を進めてきた上杉景勝軍の奉行は、一揆方の村々から四四七三点もの武具を没収していた。一揆にたいする武装解除の結果であった。

上杉方の出した武器の明細は、大刀二五〇腰・脇指二七三〇腰・鑓一三三六丁・鉄砲二六挺・うつぼ矢三五・弓七八丁・古具足一二両・甲五はね(ほかに馬鎧二)と、じつに九種類・四四七三点にのぼっていた。うち、壊れた武具ばかり二〇九六点もあり、武器のほぼ半分(四七パーセント)が、使い物にならないものであった。いい武器はみな隠され、クズばかりが集まった、という風でもある。

秀吉の出羽奉行をつとめ、この上杉軍を監察する立場にいた大谷吉継は、それらの武器の引き渡しを受けて、請取状を出していた。ところがその内訳は、上杉方の明細と大きくちがっていた。それは、大刀二八九腰・脇指二四八五腰・木脇指二五腰だけで、その合計は二七九九腰(上杉軍の没収数は二九八〇腰)であった。うち一八五〇腰(六六パーセント)は、はばき・口金なしという、使い物にならない壊れた刀・脇指であった。

秀吉方で受け取ったのは、上杉軍の没収した武器の総数四四七三点のわずか半数余りの、六二パーセントほどにすぎない。しかも、刀・脇指だけであった。ことに数の多かった鑓一三三六丁も、弓矢一一三丁も、鉄砲二六挺も、なぜか、請取状にはいっさいふくまれていない。

つまり、上杉軍は一揆方の武装解除をして、九種類・約四五〇〇丁に近い武器を没収していた。だが、秀吉方の大谷奉行の関心は、これらすべての武器にはなかった。一三三六丁(約三〇パーセント)もあった鑓までも無視して、刀・脇指だけにこだわっていた。

上杉軍は戦後処理として、一揆方の村々から武器を取り上げようとした。その実態は、刀狩りというよりは武装解除だった。しかし、一揆を制圧したあとの秀吉方の関心は、武装解除にはなく、もっぱら刀狩りにあった。

武器全体のわずか六割余りほどの、刀・脇指だけを指定して請け取り、その請取状を出した。そうやって、刀狩りの証拠をでっちあげたのではないか。秀吉が刀狩りを、検地と並んで、奥羽仕置の柱として重視していたからである。そうみなければ、上杉方と大谷方の武器数のギャップは説明がつかないだろう。やはり、秀吉の刀狩りの焦点は、もっぱら刀・脇指にあり、すべての武器の没収に関心があったわけではなかった。

なお、武器の総数四四七三点とか、刀・脇指二七九九腰というと、大変な数のようにみえるが、先にみた加賀江沼郡の刀狩りでも、ほとんど刀・脇指の類ばかり三九七三点が上納され、それでも刀・脇指の数が少ない、と警告されていた。没収された武具の数が多い。そうみるより、おそらくそれを上まわる大量の武具が、戦国の村々には保有されていた、という事実にこそ注目すべきであろう。

北奥の刀狩り

最後に、北陸奥の刀狩り事情も確かめておきたい。

のちに秀吉の朝鮮侵略で、肥前名護屋《なごや》城(佐賀県鎮西《ちんぜい》町)に動員されていた、三戸《さんのへ》城(青森県三戸町)の南部《なんぶ》信直《のぶなお》が、国元の南部領の刀狩りについて報告をうけ、あらためて、「一戸《いちのへ》の刀かりを執行したのは結構なことだ」といっていた。一五九二年(天正二十)のことらしい。一戸(岩手県一戸町)では、このころ、ようやく刀狩りが実施された。かつては、九戸《くのへ》一揆の勢力の下にあった地域で、依然として百姓たちの抵抗が強かった。南部氏も「少しもいっこく候ものは、うたせよ」と強硬であった。頑固にいうことを聞かない者は、成敗せよ、というのである。ここでも、やはり「刀かり」と呼ばれて、ねばり強くおし進められていた。

それから、九〇年ほど後のことである。一六八三年(天和三)の夏に、その南部の八戸《はちのへ》領で、花巻近くの中里村から、三〇人近い百姓の男女が村を捨てた。その姿が野辺地《のへじ》の村を通り過ぎたあたりで目撃されていた。その報告によれば、百姓たちのうち、男たちはみな脇指を指し、一人は大小も指していた、という。また一行は、鑓四本と弓二張・鉄砲一挺を持っていた、ともいう。大小を指していたのは「村の侍分」か、と見られていた。

中世末の南部領で行われた「刀かり」は、近世初めの村に、脇指を指す「百姓」と大小を指す「侍分」という、はっきりした区別を生んでいた。村の脇指身分と帯刀身分が、さきの刀狩令によって峻別されるようになっていた。その意味では「刀かり」はみごとに作動していた。

しかしそれは、百姓を帯刀(二本指し)か脇指かで分ける、という以上の措置ではなかった。百姓の男たちは、みな脇指を一本指していたし、この通り、村にはなお鑓も弓も鉄砲もあった。

村人たちは「村を立ち退く」という非常の時には、それを公然と持ち歩いてもいた。しかし、それが刀狩りの実情であったことは疑いない。

4 再刀狩りはじまる——朝鮮侵略期の刀狩り

高野山の再刀狩り

奥羽仕置が終わった一五九一年(天正十九)秋、ただちに秀吉は朝鮮侵略令を発し、同時に再び刀狩りに乗り出していった。その過程で、秀吉の刀狩りの性格がいっそう明らかになる。

その年の十月、紀州の高野山は秀吉からこう指示されていた。「狩り置いた刀のうち、鞘《さや》のある分は、刀・脇指を問わず急いで提出せよ」と。焦点はやはり刀であった。これを受けて秀吉の奉行人が現地に向かうと、高野山を支配する学侶《がくりょ》衆も、自分たちのところにある、刀・脇指・鑓・長刀《なぎなた》・具足・甲、そのほかの武具は、すべて渡します、と約束した。

先に刀狩りの奉行を務めた前田玄以が、今度もこれに関与していた。この指令は、おそらく刀狩りの一環として出され、高野山のほかにも、広く発令されていた。「狩り置いた刀のうち、鞘のある分は、刀・脇指を問わず」というのが面白い。刀狩りの実情がよくわかるからである。

どうやら秀吉は、これから再び刀狩りを実施する、というのではなかった。「狩り置いた刀」という意味は、こうであろう。

ふりかえれば、七年前の一五八五年に、秀吉は紀伊や大和の刀狩りの一環として、この高野山でも、すでに刀狩りを終えていた。そのことは先にみた。そのとき秀吉は「兵具など、ことごとく停止」といい、世間でも「高野山へは秀吉より軍勢を入れて、兵具を狩るらしい」と噂されていた。どうやら秀吉は、そのとき高野山領で集めた刀を、自分のもとへ取り上げず、そのまま、高野山に預けておいたらしい。みな大仏のクギになったわけではなかった。それが「狩り置いた刀」であった。それを侵略戦争に備えて大量に調達しよう、という計画であった。

つまり、その「狩り置いた刀」の中から、鞘がついていて、まだ使い物になる、刀・脇指だけを選んでさし出せ、というのであった。武器として実用に耐える、刀・脇指だけに的をしぼって、朝鮮への軍事動員に備えよう。そういう緊急の武器調達の計画が進められようとしていた。じつは、もともと刀狩りそのものが、村の百姓から取り上げた武器を、根こそぎ中央に収公する、という態勢ではなかった。その事実が、この秀吉の新しい措置によって、あらためて明るみに出たことになる。

ところが、高野山の首脳部は、「刀・脇指・鑓・長刀・具足・甲、そのほかの武具すべて」

をまちがいなく差し上げます、と誓っていた。高野山にあらためて徹底した武器の没収が行われるのだ。また刀狩りが来るぞと、寺は緊張していた。

侵略拠点九州の刀狩り

侵略拠点の名護屋城（佐賀県鎮西町）の現地となった九州の反応は、さらに深刻であった。筑前博多（福岡市）の筥崎宮《はこざきぐう》の社官であった城戸清種は、自分の体験をこう語っていた。

秀吉が肥前名護屋に入城すると、すぐに「九州刀かり」が命じられた。しかし筥崎宮では、神役のときに武具が必要だからと歎願して、筥崎宮の「座主《ざす》家中の刀かり」は免除された。そこで、秀吉のいた名護屋城の山里曲輪《やまざとくるわ》の降り口まで、進物をもって参上し、石田三成の兄正澄《まさずみ》をたよって、秀吉にお礼を申し上げた、と。筥崎宮領の関係者が、百姓たちもふくめて、すべて刀狩りを免れた、というのであろう。

おなじころ、壱岐（長崎県）の島にも、刀狩りが行われていた。杉寺の某は「刀駈《かたなかり》」の命をうけて、島の寺に伝わる脇指一腰をさし出した。ところが、秀吉からそれは「寺の宝物だから」と、脇指は返され、秀吉の奉行人から免許の証状をうけた、といっていた。神事のために刀や武具を免除するというのは、山城の鞍馬寺でも先例があった。神事や仏事のため武具を免許するというのは、おそらく秀吉の基本方針であった。

フロイスのみた刀狩り

九州の刀狩りの広がりについては、三十余年の日本滞在のほとんどを九州で過ごしたルイス・フロイスに、迫力にみちた証言がある。フロイス『日本史』の文を、①～③の段落に分けて示そう。記事の年次は明記されていない。しかし明らかに、朝鮮侵略の初め頃のことである。

①暴君関白(秀吉)は、かねてよりこうした(叛乱の)恐れを抱いていたので、彼は長崎の住民からだけではなく、下《しも》(九州)の全地方の兵士以外の全員から、武器を接収するように命じた。そのために、おびただしい数の役人を投入して、その実行に当たらせ、皆の者が一つも隠すことなく、あるだけの武器を差し出すように、また、それを拒む者は、磔《はりつけ》にし処刑する旨、大々的に触れ歩かせた。この命令は、非常な厳しさをもって遂行され、当時(人々を)襲った最大の不安の一つ(と見なされる)ほどであった。こうして無数の武器が徴集された。(中略、後述の④へ)

②関白のこれらの役人が徴集した刀・脇指・槍・鉄砲・弓・矢は、長崎の村で発見されただけでも、刀剣が四千振り、槍が五百本、弓が五百張以上、矢は無数、鉄砲三百挺、お

よび鎧百領以上(に達し)、有馬領からは、一万六千以上の刀剣と、その他無数の武器が(徴集された)。

③こうして下地方のキリシタンたちは、彼らがもっとも重んじていたもの、すなわち武器を失うことになった。彼らはこのことを無上に悲しんだが、結局どうにもならなかった。

フロイスの情報①

まず、このうち①の情報を分析しよう。秀吉の指示は「兵士以外の全員から、武器を接収する」という命令だ、といっていた。これは、先に一五八九年(天正十七)の九州刀狩令で、「奉公人は除いて、町人・百姓以下から、武具を狩り集めよ」と指示していたのとおなじことである。当初の方針が、再度の刀狩令でもそのまま踏襲されようとしていた。

それは「下(九州)の全地方」に及ぼされ、「おびただしい数の役人を投入」する、という態勢がとられようとしていた。「皆の者が一つも隠すことなく、あるだけの武器を差し出す」よう求め、「拒む者は磔」という、極刑の脅しが用意されていた。つまり、根こそぎの刀狩りだ、拒むものは死刑だ、とはじめから大げさに宣伝されていた。それは、秀吉が大本営をおいた九州に「(叛乱の)恐れ」を抱いていたからだ、という。たしかにその危機はあった。

だが、こうも読める。「あるだけの武器」というのは、あらゆる武器を並べ立てていた、あの刀狩令の冒頭の主文とおなじことである。また「(叛乱の)恐れ」というのも、それについで「百姓は武器をもつから一揆を企てる」と、刀狩りに同意するよう、大名たちをそそのかしていたのと、おなじ口調である。どうやら、前の刀狩令とおなじことが、あらためて九州で言い触らされていたのではないか、と。

ただし秀吉は、全国の大名をすべて名護屋城の周囲に集め、じかに九州を制圧する、という態勢をとっていた。その態勢をもって、再び九州で刀狩りをしようとしていた。刀狩りの環境は、すべて現地の大名まかせだった前の九州刀狩りとは大きくちがっていた。

いいかえれば、前にひとわたり九州の刀狩りを終えていながら、まだ、再刀狩りの余地が十分にある、と秀吉が判断していたことになる。そのことの方が重要である。預けた刀を返せという、高野山でみせた刀狩りとは、状況が変わっていた。

フロイスの情報②

つぎは②の情報である。この刀狩りによって、現に秀吉の役人に徴発された武器の種類は、刀・脇指・槍・鉄砲・弓・矢など、ほとんどの武具に及んだ。長崎の村だけでも、刀が四〇〇〇振、槍が五〇〇本、弓が五〇〇張以上、矢は無数、鉄砲は三〇〇挺、鎧一〇〇領以上にのぼったという。武器は合わせて五四〇〇点以上にもなっていた。それでもやはり、刀が七四パーセントと、大半を占めていた。有馬領からは、一万六〇〇〇以上の刀剣のほか、無数の武器が徴発されたという。この時、フロイスは長崎にいたのか、長崎の村と、肥前の日野江城主でキリシタン大名であった有馬晴信領の情報がじつに詳しい。

その結末をみると、長崎の村でも有馬領でも、刀剣の数が群をぬいて多い。矢が無数というのは、とても数えきれなかった、というのであろう。実数の記された分に限れば、長崎の村の刀が四〇〇〇振というのは、加賀や出羽にも類例はあった。だが、有馬領の刀剣一万六〇〇〇以上というのは、これまで見てきた島津氏の三万腰についで多い。領域の広さでいえば、有馬領の刀狩りが、はるかに徹底していたことになる。ふつうの刀狩りではなく、交戦下の侵略戦争にそなえて、実戦武器を根こそぎ徴発する。それが真相であったのではないか。

フロイスの情報③

③は、この九州の刀狩りに寄せた、フロイスの感想である。フロイスがもっとも身近に接してきた九州のキリシタンたちは、その所持する武器を「もっとも重んじていた」。そして、そ

の刀狩りによる喪失を「無上に悲しんだ」という。内戦の時代を自力で生き抜く、戦国人の武器感覚を鋭く切り取った、貴重な同時代の証言であった。

なお、つぎにのべるが、フロイスは①の中略の部分(後述の④)でも、帯刀に寄せる戦国の村人たちの情念を、こう語っていた。「不断の果てしない戦争と叛乱の中に生きる者」たちの戦国の世では、農民をはじめすべての人々にとって、「種々の武器を所有すること」は、自分の属する社会や共同体を自力で防衛し、自立した村の成員であることを示す、「すこぶる重んじ」られた、成人した男たちの表象であった、と。

とすれば、彼らから刀を剝奪することは、彼らの自立の表象と名誉を奪うことを意味していた。やはり刀狩りがめざしたところも、武士と百姓以下を差別化するために、自立した社会人としての象徴を奪うことにあった、と見なければならないだろう。

フロイスの情報④

①で中略とした箇所では、有馬領で進められた刀狩りの特異な実情が、ことに詳しく記録されていた。これを④として、以下に挙げよう。

秀吉の刀狩り役人たちは、九州に再刀狩令を布告する前に、村の百姓たちが刀を隠さないよう、あらかじめ数人の目ききの刀匠を有馬領内の各地に送り込んで、名刀を買いに来たと触れさせた。ついで、それぞれ自慢の刀を持って集まってきた地元の村の人々から、刀の持主や刀の銘などを聞き出し、詳しい刀の目録を作らせた。

やがて、刀狩令を出すとともに、その目録を手に名護屋城からのりこんできた一〇〇人もの役人が、死刑の脅しをかかげて、「貴人と兵士の家」を除く、「農民・商人・職人、および一般庶民」の家を、しらみつぶしに探し出し、名のある刀をすべて没収した。その上さらに、それを売りに出し、値をつり上げて、もとの所有者にむりやり買い戻させ、金をもうけたあげく、ふたたび没収した、という。

刀狩りの意外なサギまがいの展開ぶりに驚く。しかし現地からの証言とみれば、見逃しにもできない。この九州の刀狩りも、やはり刀を焦点とし、ことに名刀狩りとして進行していた。それは、朝鮮の戦場で軍用に耐えるほどの刀を、という狙いであったか。

この過程からみると、有馬領でも「貴人と兵士の家」を除く、「農民・商人・職人、および一般庶民」すべてが対象になった。フロイスはここで「関白はすべての農民、および兵士でないものから、刀を没収しました」とも語っていた。ここでも、農民のもつ刀が狙いであった。

「兵士でないもの」というのは、しばしば現地の刀狩り指令に付記された、「奉公人をあい除く」とおなじ意味であった。奉公人は雑兵とおなじことで、下じもの武家奉公人を指していた。戦争のあいつぐ時代、戦場では雑兵となり、ふだんは村に暮らすこうした奉公人たちも、重要な戦力であった。だから、村の百姓であっても、奉公人ならば刀狩りを免除され、帯刀を許された。

武士に奉公する者と、奉公しない百姓、戦う奉公人(兵)と戦わない百姓(農)の差別化。それが刀狩りの狙いであった。フロイスは、そのことの重い意味を、戦国の世の百姓たちの情念に寄せて、彼らは刀狩りによる刀の喪失を「無上に悲しんだ」と語っていた。

関ケ原合戦の戦場から

しかし、それは日本全国の村の百姓から、根こそぎの武装解除を意味するものではなかった。秀吉以後の刀狩り動向はのちにみよう。ここでは、一六〇〇年(慶長五)に、あの関ケ原の合戦で激しい戦場となった、徳川家康の伏見城周辺の村の姿をみておこう。

秀吉の「花見図屏風」で知られる、山城の醍醐《だいご》一帯の村々には、近くの伏見の城攻め用の竹木を調達するのだといって、戦場で略奪をこととする「濫妨人《らんぼうにん》」という雑兵たちが、集団で押し掛けてきていた。それに対抗する村々の様子が、醍醐寺の日記にこう記されていた。

「濫妨(雑兵たちに)、地下人《じげにん》(村人)が武具をもって(集団で)出合い、これを防ぐ」とか「南里の竹伐りを、郷民が発起(一揆)して取り返す」というのがその一例である。また「濫妨人百四、五十人が、伏見の城攻め用だから、竹を伐らせろといって押し掛けてきたが、村の侍たちが出動して、寺の門を閉めて戦い、早鐘を突くと郷民が武器をとって蜂起した。これに恐れをなした賊徒どもが、助けてほしいと懇望したので、危害を加えず見逃してやった」という。

刀狩り後の京郊の村には、戦場の略奪をこととする濫妨人百四、五十人もの雑兵軍を、村のサムライと百姓が蜂起して、自力で撃退できるほどの、実力と武器が豊かに蓄えられ、行使されていた。刀狩令を百姓の武装解除令とみる通念は、根底からの見直しが求められている。

Ⅳ　秀吉の平和

倭冦集団(「倭寇図巻」より，東京大学史料編纂所所蔵)

1　浪人停止令

村の浪人を追い出せ

奥羽仕置が終わって国内の戦場がなくなると、新たな社会問題が起きていた。天下統一を果たした秀吉は、その直後の一五九〇年(天正十八)十二月に「浪人停止《ちょうじ》、あい払わるべき事」と発令した。以後、浪人は禁止する、村から追い出せ、というのであった。これを、その文言にしたがって、浪人停止令と呼ぼう。

それまで各地の戦場には、農閑期に村を出て、略奪を目当てに、割りのいい雇い先と稼ぎ場を渡り歩く、もとは百姓の雑兵たちがあふれていた。ところが、すべての戦場が消えて、世のなかが平和になると、その雑兵が要らなくなった。雑兵たちは浪人となって巷にあふれた。浪人は平和の産物であった。

この停止令で秀吉のいう浪人とは、「主をも持たず、田畠作らざる侍ども」を指していた。村に住んで、おれはサムライだといいながら、じつは、きまった武家奉公先も、特定の主人もなく、村でまじめに田畠を耕すでもない。そんな半端な雑兵百姓たちには、「浪人」の烙印をおして、村から追い出せ、というのであった。

ところが、この浪人停止令は、その第三条で「奉公人のほか、百姓の中は、武具類を改められ、取り上げらるべき事」と、あらためて刀狩りを指示していた。きまった主人をもち、武家に奉公をする、身元の確かな者は別だが、主人もない浪人は村から追い出し、ふつうの村の百姓たちからは、武具類を取り上げよ。村にいる者でも、しっかりした武家奉公人なら武具をもっていてもいい。

武士でもない、まともな武家奉公人でもない、百姓でもない、商人でも職人でもない。そんな中途半端な怪しげな連中は、村を追い出せ。村の秩序は、武器をもつ武家奉公人、武器をもたない百姓・町人・職人と、はっきり見える形で分けるのだ。そういう意図が、おそらく刀狩令のはじめからあった。

村にある武器でも、身元の確かな武家奉公人（百姓）の手元にある分は問題にしない、ということでもあった。戦国の社会では「食うための戦争」が、きびしい内戦の時代を生き抜く経済の中に、しっかり組み込まれていた。村の百姓たちも、仕事も出稼ぎ先もない農閑期の半年ほどは、村にいても食えない。だから、大名に武家奉公の形で雇われて、戦場に行った。その戦場では、人さらいや家財の略奪は、彼らの正当な稼ぎであった。それだけに、村の百姓で武家奉公にも出ている、そんな日雇いの雑兵たちは、少なくなかった。

つまり、百姓たちの村でも、武家奉公に出る人々はたくさんいた。だから、彼ら村人たちの周辺には、公認された武器がたくさんあった。刀狩令ははじめから、たくさんある村の奉公人たちの武器を例外として認める形で進められた。刀狩りは村の武器の廃絶であったという通念は、この大きな事実を見落としていたことになる。

では、なぜ浪人停止令は、刀狩令をあらためて特記したか。その理由は、こうではないか。こんど戦場が閉鎖され、平和が実現したのを機に、戦場で季節働きをしてきた、きまった雇い先もない放浪する奉公人を排除して、確かな主もちの奉公人だけに限る。そうすれば、村の身分のあり方も武器の数も、ともに制御できる。だから、浪人停止令の第三条に、刀狩令をあえて付記した。

武士でもない、百姓でもない、そんな半端な浪人がたくさん村にいては、なによりも刀狩りの秩序が成り立たなくなる。それに浪人を村から追い出せば、それだけ、村の保有する武器の数量も身分(刀はその表象)も、しっかり限ることができる。浪人停止令はそのための身分制御のプログラムであった。

2　海賊停止令

海の刀狩令

秀吉はあの刀狩令とおなじ日付で、「諸国の海上の賊船の儀、堅く御停止」という、定め三カ条を発令していた。この標題にしたがって、これを海賊停止令と呼ぼう。

その令書は、刀狩令といっしょに伝えられている例が多い。先にみた加賀の溝口氏が刀狩りを行ったとき、「浦方の者ども賊船御停止の誓紙」という海賊停止の誓約書も、刀類の進上と同時に、秀吉に提出されていた。二つの法は、同時に発令され、同時に施行されていた。そのため、この海賊の法は海の刀狩令とも呼ばれる。

この海賊停止の令書も、刀狩りの令書とおなじく、大型で厚手の料紙一枚に、大きな文字で書かれ、秀吉の朱印が押されていた。宛名を記さないから、刀狩令と同時に、広く諸国の大名や領主たちに公布された一般の大名法であった。

刀狩令は何をめざしたか。それを別の角度から探るために、この海の刀狩令にも、目を向けておきたい。この令書には、刀狩令に原刀狩令があったとおなじように、原海賊停止令があった。それは秀吉の九州仕置の一環として、一五八七年（天正十五）に、九州で出されていた。そのことが、早く第二次大戦前に辻善之助《つじぜんのすけ》によって想定され、近年、フロイスの証言をもとに、その事実が確かめられている。だから、刀狩令と同時に出されたのは、その海賊停止令の再令であったことになる。

海民を掌握する

さて、その再令の主文はいう。

①諸国の海村の船頭・漁師など「いづれも船つかい候もの」、つまり、総じて海と船によって生活する人々を調査せよ。

②その海民たちから、今後はけっして海賊行為をしませんと、浦（海村）ごとに連判した誓約書（誓紙）を取り、国ごとに国主（大名）が取りまとめて、秀吉に提出せよ。

③領主たちの手抜きで、もし海賊行為が行われたら、領主も処分し領地も没収する。

村人たちが誓約によって秀吉の法に同意する。こうして村々に合意をとりつける手続きは、検地や刀狩令など多くの秀吉の法の発令でも、また中世の法でも、共通してとられていた。狙いの①は、浦ごとの海民改め、つまり海民を調査し、把握することにあった。狙いの②は、

「諸国の海上の賊船」の停止、すなわち、海民たちの海上での海賊行為、つまり海上の武力行使を禁止すること、すなわち「海の平和」の実現にあった。海の刀狩令といわれるのは、このためである。狙いの③は、海賊停止令の実現をそれぞれ現地の領主たちの責務とした。

海の平和へ

その①は、法による海民の編成であり、その過程では、「妻子なども持たず、ゆくえ知れざる者」つまり、もともと定住性のない、渡りの海民たちを追及し、領内から排除せよ、という措置がとられていた。ほんらい自由に移動し、定住性に乏しく、行動半径も広かった海村に、厳しい再編成が進行しようとしていた。その②の「海の平和」が、この海賊停止令の最大の目的であり、③はその執行に領主層の責任を求めていた。

もともと、中世の村では、百姓たちの武装と武力の行使が、日常の風景であった。おなじように、海で暮らす海民たちにとっても、海上で武装し武力を行使することは、海の暮らしの日常であった。刀狩令は、その村人を、武器を持てる武家奉公人と、武器を持てない百姓とに峻別し、村の武力行使を制御しようという、「百姓の平和」のプログラムであった。それを海上にも及ぼして、武力にたよった海の生活、海上での武力行使、つまり海賊行為を制御しよう。

それがこの「海の平和」実現のプログラムであった。

海村の浦々にも、海賊停止令とは別に、刀狩りが行われていた。先にみた出雲の杵築大社領では、刀狩りが終わると、「諸浦の船道(船頭)」たちを対象に、特例として、刀・脇指の帯刀が免許されていた。刀狩りの回路でも、浦々の船頭たちの掌握が積極的に進められていた。

そこに、海賊停止令と刀狩令が、一つがいのプログラムとして、ならんで発令され、並行して実施が求められた理由があった。その意味で、海の刀狩令という通称は、みごとに的を射ており、海賊停止令はあくまでも海上の平和が狙いであった。

倭寇を禁止する

南九州の島津家にも、この刀狩令と海賊停止令の二つがともに伝存する。そして現に、二つの法の確かな実施が、合わせて求められていた。島津側では、この秀吉の海の法の狙いは、もっぱら「渡唐(東シナ海)の賊船」「ばはん(八幡、海賊)に参り候者」、つまり、九州を拠点にして東シナ海で海賊をはたらく倭寇《わこう》の規制にある、とみていた。

また、瀬戸内海の平和も、海賊停止令の大きな課題であった。海賊停止令もその冒頭に「備後(広島県)・伊予(愛媛県)両国のあいだの伊津喜嶋《いつきしま》(広島県豊浜町斎島《いつきしま》カ)で盗船(海賊)をするやから」を例に挙げていた。また、それより早く、瀬戸内の小早川氏の領海では、名の知られた村上海賊による海の武力行使をどう抑制するか、が大きな問題となっていた。

海賊停止令から六年後、一五九四年（文禄三）、瀬戸内海を船で旅したある薩摩武士は、戦国いらいの海の旅の変貌ぶりに驚き、こう語っていた。このあたりも、昔は「盗船」（船の賊）の出没する所であったが、「殿下《でんか》様（秀吉）の御徳」で、「今は上り下りの船も心安くなった」と。秀吉の海賊停止令が、早くも実りはじめていた。それが旅人の実感であった。

倭寇や海賊の制御に、秀吉は自らも積極的に関わろうとしていた。「海賊（倭寇）行為を犯した者は、秀吉がじかに処分する」、つまり、海賊の成敗権は秀吉に帰属する、と秀吉はくり返し言明していた。海の支配権は秀吉が独占する、というのであった。没収した刀は京都に上納させ、秀吉が自らそれを検分する、という刀狩りの態勢ともよく似ていた。

長崎で秀吉は、日本の海民たちが武器を用いて「喧嘩《けんか》・刃傷《にんじよう》」をすれば、喧嘩両成敗で処刑する。しかし、「南蛮船・唐船」（日本にきたポルトガルや中国の船）のばあいは、裁判で理非をきめる。日本人との争いは、日本側に五分の理があっても、日本人の方を処罰する、としていた。外国船も秀吉の裁判の対象とする。だが、日本人よりも優遇して、自由な来航を期待する。これが、秀吉の「海の平和」の立場であった。しかし、その秀吉の海域では、黒船（ポルトガル船)による唐船(中国船)への海賊行為など、国際的な武力の交差が広がっていた。

中国貿易へのまなざし

秀吉は、島津あてに、「賊船ゆえに、勘合《かんごう》(貿易の再開)が遅れている」、その打開こそが「殿下様(秀吉)の思し召し《おぼめ》」だ、と通告していた。海賊停止令の狙いは、もっぱら倭寇の制御にある。倭寇の障害を排除して、勘合貿易を実現しなければならない。そう島津側がみたのは、秀吉の意思の反映であった。

秀吉自身、東シナ海の倭寇を抑止することで、中国の明と勘合貿易を再開したい、きっと中国側も乗ってくる、という構想を描いていた。つまり、勘合貿易を実現するには、東アジア海域で倭寇を制御する必要がある。「海の平和」を実現し、その実績をふまえ、島津氏を介して、明に勘合貿易の再開を迫る。それは、新たな外交構想の土台であった。

秀吉は「日本国のことはもとより、海上までも静謐に」とも語っていた。「海の平和」のプログラムは、日本国から東アジアまでを、その視野にいれて立案されていた。それは、一五九八年(慶長三)の秀吉没後にも、くり返し語られていく。

3　秀吉の「村の平和」令

刀狩令は、すべての百姓の武器の没収を表明していた。しかし、現実には、村の武器の根こそぎの廃絶というよりは、百姓の帯刀権や村の武装権の規制として進行した。武器を使って「人を殺す権利」は抑制されたが、村々にはなお多くの武器が留保された。

そのため、村の武力行使を制御するという秀吉の意図は、刀狩令とはまったく別のプログラムに委ねられた。村の武器を制御するプログラムは、村の喧嘩停止令《けんかちょうじれい》が担うことになった。

喧嘩停止令の発見――判例①

一五九二年(天正二十)初冬のことであった。炎天のつづいたその夏、摂津の鳴尾村と瓦林村(兵庫県西宮市)が用水(北郷井水)をめぐって激しく争い、大がかりな合戦のあげく、八三人もの百姓たちが、秀吉によって磔《はりつけ》の刑に処せられた。それは「天下ことごとく喧嘩御停止」の法に背いたからだ、と噂された。「村の戦争」が秀吉の「天下の喧嘩停止の法」に触れた、というのであった。また噂では、そのとき十三歳の童が、父の身代わりになって磔にかけられた、ともいう。

この情報源は、先に奈良の刀狩りの情報を克明に書き留めていた、あの多聞院の僧である（四七頁）。だから、少し離れた地からの伝聞ながら、まずは信用できそうである。それにこの奈良の情報は、同時期のほかの日記にも記録され、現地の村々にも後の所伝がくわしく伝えられるからである。それらによれば、「水の喧嘩」といわれた水争いの始終は、およそこうであった。

日照りの夏に用水を争う二つの村は、それぞれ近隣の村々に応援を求めた。すると、武庫川《むこがわ》下流域の東側の村々はすべて鳴尾村に、川の西側の村々は瓦林村に味方した。数多くの村々は、たがいに弓・鑓をそろえ、馬にのって合戦を交え、あげくは、双方ともに数多くの死傷者を出した。刀狩り後の村にも、それだけの武器があり、戦いの体験も豊かに蓄えられていた。

この大がかりな「村の戦争」が、秀吉の知るところとなった。すべての村々から代表一人ずつが、京都に呼び出され、秀吉奉行人（片桐・増田）による糺明のあげく、牢に入れられ、処刑された。鳴尾村からは一三人が、また反対側からは二六人が、それぞれ処刑されたという。処刑「八十三人ハタモノ（磔）」という人数に傍証はないが、極めて大がかりな「天下ことごとく喧嘩御停止」の法の発動であった、とみられよう。

しかし、用水の争い自体は、その後、秀吉方の使者が実地の検分に出向き、証人と証拠にもとづく裁判が行われた。その結果は、鳴尾村の勝訴となり、双方で対談のうえ、用水権を絵図に明記することで、争いは収まった、という。村の水争いは、「喧嘩」(合戦)にたいする刑事処分と、用水にたいする民事裁判という、二つの領域に分けられ、別個に処理されていた。

なお、先に噂のあった身代わりの処刑については、意外な伝えが現地の村々に遺されていた。合戦に加勢した六つの村では、それぞれ庄屋の身代わりに乞食を出した、という。いくつもの村が、村の犠牲に乞食を身代わりにしていた。もともと武装を日常とした中世の村は、予期される身代わりの犠牲として、ふだんから、村として乞食を養っていた。そうした伝えは、九州の博多の町にも遺されていた。御伽草子の「物くさ太郎」も、その面影を背負っていた。それは、武器を日常《ボジ》とする、自力の村の陰《ネガ》の部分であった。

「天下ことごとく喧嘩御停止」の法は、おおぜいの村々が結集して、さまざまな武器を大がかりに行使した、「村の戦争」に向けられていた。中世では日常の風景の中にあった武器や、それを用いた村の公の合戦が、いま私的な「喧嘩」と呼ばれて、きびしく規制され、その違法性を問われはじめていた。それは、「村の戦争」を制御し「村の平和」を追求しようという、新たなプログラムであった。その法はまだ制定法の形では見つかっていない。しかし、その判例はいくつもある。

喧嘩停止令の判例②

もっとも早い判例は、一五八七年(天正十五)春に現われる。河内(大阪府)の観心寺《かんしんじ》が、寺領の柴山の利用をめぐって、近隣の七つの村々と争っていた。あるとき、一つの村の百姓たちが、山で薪を刈る寺衆にたいして、「日々に追い立て、打擲《ちょうちゃく》・刃傷《にんじょう》に及ぶ」という、激しい攻撃を加えた。村の百姓が武器をとって打擲・刃傷し、山争いの相手を傷つけた。そのことが、秀吉の奉行によって、「当御代喧嘩停止」の「御法度《ごはっと》に背いた」とみなされ、村々は山を立ち入り禁止とされてしまった。この法度は、先に摂津の村々に発動されていた「天下ことごとく喧嘩御停止」の法と、その表記がそっくりである。しかも、二つの判例ともに秀吉の奉行たちが関与していた。だから「当御代」の「喧嘩停止」の「御法度」というのは、明らかに秀吉の法を意味していた。

秀吉の下でこの喧嘩停止の法が発動され出すのは、少なくともこの一五八七年春の河内の山論よりも前で、もっとさかのぼる可能性もある。つまり、山野河海の争いに関わる村の武力紛争に向けた、この村の武器を制御するプログラムは、じつは刀狩令よりも前に、おそらく原刀狩令や原海賊停止令ともほぼ並行して、打ち出されていたにちがいない。

喧嘩停止令の判例③

つぎの事件は、一五八九年(天正十七)に近江の村々(滋賀県虎姫町)で起きていた。それは、中野村と青名・八日市の二つの村との間に起きた、用水争いであった。その争いは、すでに秀吉の養子秀次の調停によって、中野村の勝ちと裁定されていた。だが、日照りの夏に、双方の村人たちが武装して用水の現場に乗り出し、「刃傷」つまり武器をとって死傷者を出した「村の戦争」が問題になった。

秀次の奉行によって、その「刃傷」が違法として告発され、「喧嘩御停止の旨にまかせて、右の三つの村より、一人ずつ三人、御成敗」という、村の惣代三人の処刑が執行された。この喧嘩停止の法の発動ぶりは、「当御代喧嘩停止」の「御法度に背いた」という、先の河内の法と、表記もよく似ている。法の発動によって、村の代表が処刑されるというのも、村々の用水をめぐる「刃傷」が対象になるというのも、先の摂津の法の発動とそっくりである。

村の平和令

以上の三つの判例からみて、秀吉の喧嘩停止の法は、村々による山野河海の紛争の場で、武器を用いて集団で争い「刃傷」する、「村の戦争」を禁止する法であった。もともと中世の村々では、生活に関わる紛争は、村の自力で武器を持ち出して決着をつけてきた。その日常の紛争処理の作法が、「刃傷」(武器による死傷)の回避を理由として、制御されようとしていた。刀を持って争えば百姓の身命があぶない。秀吉の刀狩りはこの説得とともに行われていた。「刃傷」の回避というのは、この説得とそっくりである。

村々には現に大量の武器があり戦争も起きる。その現実を直視しながら、村の四季の生活にはいつも日常であった、山野や用水の争いの現場で、百姓たちが集団でその武器を使い、人を死傷することを抑止しよう。村にある武器を封じ込め、その使用を凍結しよう。そこに、この武器制御のプログラムの狙いがあった。それは「村の戦争」を「村の平和」に転換させるプログラムでもあった。いまこれを、あらためて秀吉の喧嘩停止令《けんかちょうじれい》と呼ぼう。

つまり、刀狩令は村の武器すべてを廃絶する法ではなかった。だからこそ喧嘩停止令は、村に武器があるのを自明の前提として、その剝奪ではなく、それを制御するプログラムとして作動していた。百姓の手元に武器はあるが、それを紛争処理の手段としては使わない。武器で人を殺傷しない。そのことを人々に呼びかける法であった。

百姓の武装解除という私たちの刀狩令の通念と、「村の戦争」を前提にした喧嘩停止令のあいだのギャップを、しっかり見定めておきたい。

村の刃傷を自主回避する

それは一六〇六年(慶長十一)初春のことであった。近江の三上《みかみ》村(滋賀県野洲《やす》市)の下人《げにん》が、山仕事の帰り道で、近くの北佐久良《きたさくら》村の者に、刈り取った柴と山道具を取り上げられる、という事件が起きた。三上村の男たちは「相当《あいとう》」の報復(やられたら、やり返す)を主張した。しかし、村の長老は若者たちを、もし復讐をすれば互いに「あたまを打ちわられる」大怪我をすることになり、そうなれば「喧嘩御停止のみぎり」だけに、困ったことになる。そう「いろいろ申しなだめ」説得して、おとなしく裁判に訴える途をえらぶことにした、という。

喧嘩停止令の発動は、村自身の判断で回避された。徳川の世に代わっていたが、「喧嘩御停止のみぎり」という認識は、村の長老たちの間に浸透し、「相当」の報復という、中世風の自力解決の途を諦め、裁判に委ねるという新しい判断と選択が、村人を動かすようになっていた。

秀吉の世にあった「刃傷の回避」と「人を殺す権利の剝奪」という、喧嘩停止令の説得は、村人の合意に迎えられて、定着しはじめていた。

4　徳川の喧嘩停止令

徳川喧嘩停止令の発令

秀吉の喧嘩停止令は、徳川の世には、どうなったか。

一六一〇年(慶長十五)二月、徳川秀忠令「覚」四カ条の第二条には、こう記されていた。

郷中にて、百姓等、山問答・水問答につき、弓・鑓・鉄砲にて、互いに喧嘩いたし候者あらば、その一郷を成敗いたすべき事、

この箇条について、秀忠の公式の伝記(「台徳院殿御実紀」)は、「郷中の農民、山論・水論をいいあらそい、武器を用いて闘争に及ばば、その郷の民を誅戮《ちゅうりく》すべし」と、とてもわかりやすく解説していた。つまり、①この法の対象は村と農民の山論(山争い)・水論(水争い)であること、②弓・鑓・鉄砲など「武器を用いた闘争」の禁令であること、③違反すればその村ぐるみ処刑

されることなど、①〜③ともじつに平明で、疑問の余地はない。

この規定の内容は、秀吉の喧嘩停止令の判例とそっくりである。つまり、秀吉の法は徳川に成文法として受け継がれた、と断定してもいいであろう。村の武器制御のプログラムの継承であった。もともと秀吉の喧嘩停止令にも、制定法（原法令）があったのかもしれない。

近江の村々の武力

なお、この徳川の法の写しは、近江の北内貴《きたないき》村（滋賀県水口《みなくち》町）の村文書の中にも、ほぼおなじ文言で、いまも遺されている。その法が村にやってきた頃の事件であったらしい。その隣りの宇治河原村に、年中行事の虫送りだといって、隣りの高山村が、鑓に御幣《しで》をつけ、弓を紙に包んで、近隣の村人たちとともに乱入した。それを咎められると、宇治河原村の人々に鉄砲をうちかけ、さんざんに痛めつけた。しかし、宇治河原の村人は報復を思いとどまり、高山方の弓一丁と矢二五本を証拠として押収して、領主の手代に訴え出た、という。その訴状には、高山村が「弓・鑓・鉄砲・長刀・刀」など、たくさんの「得《え》道具《どうぐ》」（手慣れた武器）をもって押し掛けてきた、とあった。

徳川の時代に入ってもまだ、村々には弓・鑓・鉄砲・長刀・刀など、じつにさまざまな武器が数多く遺され、祭りの場で使われ、紛争の場にも持ち出されていた。しかし、中世の村なら当然であった村ぐるみの復讐を、宇治河原村が思いとどまっていた。その事実の方が大切である。

おそらく、それは、いま隣村にも伝わる、徳川喧嘩停止令(秀忠令)の及ぼした影響であった、と福田アジオはみている。この秀忠令は各地の村々に広く公布され参照されて、村々の行動に大きな影響を与えはじめていた。

徳川喧嘩停止令の再令

この法は、やがて一六三五年(寛永十二)十月に、「付けたり」を加えた、新たな装いで再登場し、徳川の基本法の位置を占めることになる。原法令はわからないが、数多くの公布例がわかっている。「覚」三カ条の第三条がそれである。段落ごとに①・②の番号をつけよう。

①井《い》水《みず》・野《の》山《やま》領境などの相論《そうろん》つかまつり候時、百姓、刀・脇指をさし、弓・鑓をもち、まかり出るにおいては、曲事《くせごと》(違法)たるべき事、

②付けたり、何ごとによらず、百姓、口論をいたし候時、他郷より荷担せしめば、本人よ

りその科《とが》を重くすべき事、

この徳川家光令の主文①では、新たに刀・脇指が付け加えられ、鉄砲が抜けている。しかし、その趣旨は、先の秀忠令とほぼ共通である。後半の②は、新たな追加法である。村々の百姓たちが水論・山論を争ったとき、もし、よその村々がそれに荷担すれば、荷担した村の方を重罪にする、という。徒党禁令の持ち込みでもあった。

先にみた摂津の水論でも、流域の多くの村々が双方に荷担して、八三人も処刑されるという、深刻な「村の戦争」に広がって、喧嘩停止令が発動されていた。だから、この②の追加は、徳川にとっては、その体験からも当然に予期すべき事態であった。あるいは、徳川の世になって三五年の間に、村の開発の広がりで、むしろ深刻になっていた、とみるべきかも知れない。

この規定をふくむ幕府の「覚」三カ条というのは、第一条が「年貢引き負い欠落《かけおち》の百姓」、第二条が「用水を理不尽に切り取る」こと、第三条がこの「井水・野山領境などの相論」であった。①欠落も②用水も③境論も、徳川の農村統治法では、とくに深刻な課題になっていた。そして「(この法を)惣百姓に見せ、その後は庄屋の家に押しつけておけ」と、バテレン対策並みに、村々の末端までの徹底が図られていた。この家光令は幕府の基本法とされ、くり返し広く公布されたらしく、いまも各地でよく発見される。やがてこの十七世紀後半には、村の法を村ごとに集成した「五人組帳前書《まえがき》」にも収録されて、村ごとに読みつがれるようになっていく。

喧嘩停止令の広がり

この一六三五年(寛永十二)の法(徳川家光令)の広がりの、裾野を探ってみよう。

それは一六四一年(寛永十八)冬にはじまり、越後の魚沼《うおぬま》地方四カ村と陸奥の会津地方七カ村の百姓たちの間で、六カ年にわたって争われた、銀山の帰属をめぐる、国境の争いである。

その翌一六四二年に、会津側の村々はこう主張していた。国境を越後側の村々に占拠された。そのため、これを自力で排除しようとしたが、それでは「天下の御法度」に触れるので、自粛して引き揚げた、と。一六四二年の段階で、「村の戦争」を自粛させた「天下の御法度」といえば、その七年前に発令されていた、家光の喧嘩停止令のほかにはありえない。

しかしこの主張に反論して、越後側の村々はこう訴えていた。会津方が「千四、五百人引き連れ、鉄砲百四、五十挺、弓五、六十張、鳥毛ついの鑓百本ほど、長刀八振、段々に備えを立て、まかり出」たが、越後方は「御公儀おそろしく……ひっそく(自粛)」していた、と。かりに誇張があるにしても、村々の動員数とその武器の量には驚く。その陣立ても戦場なみの備えであった。戦いなれた村人たちの姿がしのばれる。

思えば四年前、九州の百姓たちが、自前の武器を手に、天草・島原一揆を起こしていた。だから、これら北の国境の村々にも、これだけの戦う力量があった可能性を、むしろ想定しておくべきであろう。明らかに喧嘩停止令は、日常にある「村の戦争」の危険性を前提として立法されていた。

鉄砲百四、五十挺・弓五、六十張・鑓百本・長刀八振というのは、一六一〇年の徳川の喧嘩停止令で禁じられた武器装備の事実を、「千四、五百人引き連れ」というのは、一六三五年令の②の追加で禁じられた村々の荷担の事実を、それぞれ告発していた。さらに「御公儀おそろしく……ひっそく」というのは、公儀の法に従って自粛した、自分たちの正当性を主張しよう、というのであろう。この「御公儀おそろし」は、おそらく先の「天下の御法度」ともおなじことで、先の家光令が前提にされていたことは疑いない。

その法が、「天下の御法度」として、また「御公儀おそろし」といわれて、しだいに山論の村々の武力に自粛を求め、また村の武器の使用を制御しはじめていた。村の自力による山論や水論はなお後の時代まで長くつづくが、やがて村の武器は、鎌・鍬・斧などの農具に、しだいに持ち代えられるようになる。喧嘩停止令はその武器制御のプログラムであった。

Ⅴ　徳川の平和、刀狩りの行方

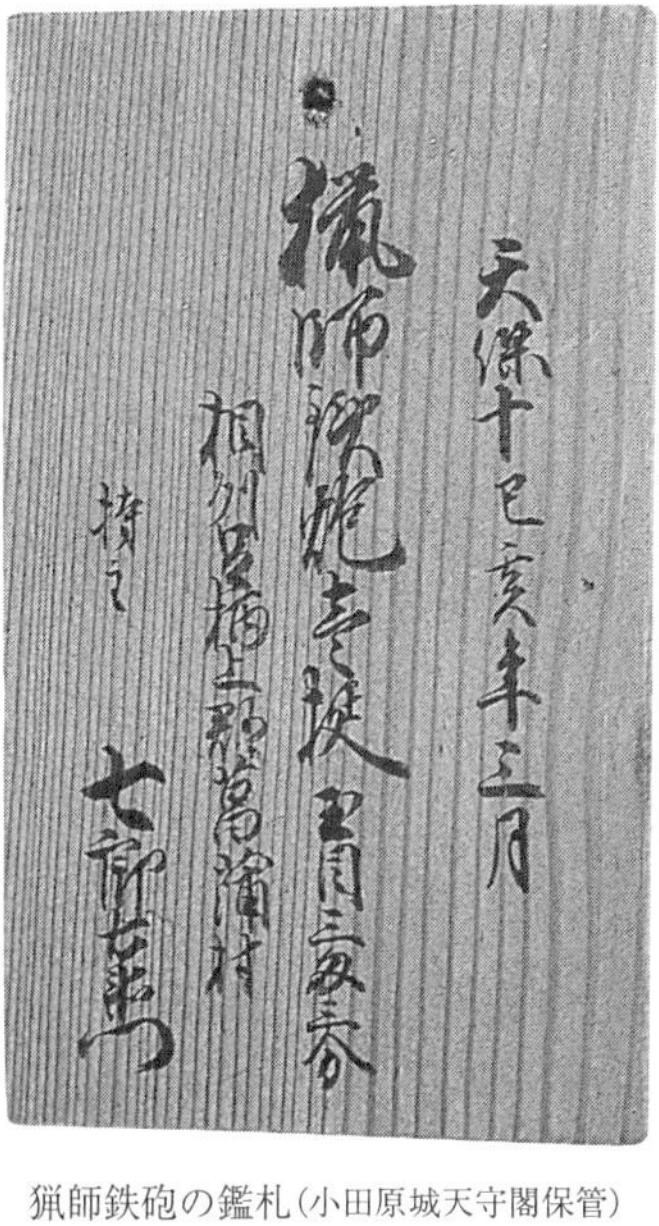

猟師鉄砲の鑑札（小田原城天守閣保管）

1　徳川の刀狩り事情

徳川は刀狩令を継承したか

徳川は秀吉の喧嘩停止令を、初めから法によって継承していた。だが、秀吉の刀狩令については、積極的に受け継いだ形跡がなく、廃棄した様子もない。

長門(山口県)の毛利藩では、戦国いらい大名毛利氏ゆかりの村々の有力者たちが、徳川の世になっても、なお帯刀しつづけていた。伊藤昭弘によれば、一七〇五年(宝永二)の毛利氏の法は、こう告げていた。百姓のうちには、名字や帯刀を許された者のほかに、刀を指したり、名字を名乗ったりする者が数多くいる。以後、それを固く取り締まる、と。

つまり、これよりも前に、原則としては、帯刀を公に認められた百姓と、そうでない百姓の区別が確かにあった。それは、おそらく、刀狩令が浸透した結果だ、とみてよい。だが、どうやら十七世紀を通じて、帯刀の免許はなしくずしに放置されていた。これが、十八世紀初めに毛利藩のみた、百姓たちの帯刀の現実であった。刀狩令の原則は、かすかに記憶されてはいた。

しかし、現実には忘れられていた。やがて、十八世紀になると、この取締りを機に、身分や貢献を理由に、大庄屋など有力な百姓の帯刀が、あらためて公認されていくようになる。

大名法のなかの刀狩り

ただ、刀狩令は個々の大名法のなかに継承されていた。そういえそうな形跡もある。

たとえば、十七世紀もごく初め（一六〇〇年〈慶長五〉頃）に、越後新発田《しばた》（新潟県新発田市）の大名溝口氏は、領内の加茂（新潟県加茂市）の町人平野屋に対して、こう語っていた。いまは「百姓・町人、刀・わきざし、御きんせい（禁制）」であるが、御用商人の特例をもって「刀・武具くるしからず」と。もともと百姓・町人の刀・脇指は御禁制だというのも、例外としてそれを免許するというのも、秀吉の刀狩令とまったくおなじシステムである。

この溝口氏は、前の任地であった加賀の江沼郡で、いち早く秀吉の刀狩令を遂行し、およそ四〇〇〇本もの刀・脇指を上納していた、あの溝口一族であり、一五九八年に越後へ国替になっていた。その溝口氏は新たな任地でも、秀吉の刀狩令をそのままに継承していた。

またおなじ頃、常陸（茨城県）から国替になったばかりの、出羽（秋田県）の大名佐竹義宣《さたけよしのぶ》は、領内のうち比内《ひない》地方の「鳥うち」を「かねて法度」とし、違反した一類はのこらず磔《はたもの》にする、と通告していた。また、領域の全体に向けて、「百姓の道具(武具)かり」を指示し、「分領中の百姓の所に道具なきように」とか、「山々にて鉄砲うち」を厳禁すべし、とも定めていた。

領内の百姓に道具(武具)狩りを行い、とくに鉄砲射ちの禁止を徹底せよ、というのであった。秀吉が刀狩令とあわせて、都の周辺で鉄砲射ちの禁令を出していたことは、先に見た。この外様大名も、明らかに刀狩りを、それも鉄砲に的をしぼって、いっそう厳しく進めようとしていた。国替直後の治安の引き締め策であったか。秀吉の刀狩令は、それぞれの大名たちに担われて、徳川の世に持ち込まれ、むしろ深められていった。そのような形跡がみえる。

村の名刀狩り

ただし、「百姓の所に道具なきように」という佐竹氏の指令は、百姓の武具所持の徹底した禁令だった。そうみることには、大きな反証がある。

一六一七年(元和三)、あの秋田佐竹氏の老臣だった梅津政景《うめづまさかげ》は、領内の荒川村で「百姓どもの刀・脇指を見て、国久の銘の脇指の掘り出し物をした。値段は銀七匁《もんめ》だった。また家清銘の鐔を見つけて、銀一歩《いちぶ》で所望した」などと語っていた。村の百姓たちの武具をみて、国久とか家清など、いい銘のある武具だけを漁って、それを買い上げた、というのであった。しかし、これは名刀狩りだけが目的で、「百姓どもの刀・脇指」や鑓の所持そのものを違法として咎め立てする、という姿勢はまったくない。

おなじ年に、西の阿波(徳島県)蜂須賀《はちすか》家政《いえまさ》の領内でも、由緒ある「名主《なぬし》持ち伝えの刀・脇指」ばかり調べて指し上げよ、と指示していた。やがて「相州正宗《そうしゅうまさむね》、二尺八寸、みぎは奥の井名主所持」というような調書が作られた。そして、相州正宗・郷義弘《ごうよしひろ》・三条小鍛冶宗近《さんじょうこかじむねちか》・来国《らいくに》俊《とし》など、よく知られた銘刀ばかり二七腰が、後日の代金支払いを条件に徴発されていた。

このように百姓の手元にある刀・脇指が狙われてはいた。しかし、銘刀ばかりが対象で、百姓の刀・脇指すべての没収、というのではなかった。事情は北の佐竹領の例とおなじである。あるいは、この頃、徳川の名刀狩りが全国に行われていたのであろうか。

2　細川氏の刀狩り

刀狩りと撤回

一六〇四年(慶長九)には、豊前(福岡県)小倉《こくら》藩主の細川忠興《ただおき》が「国中百姓の刀がり」を実施していた。惣庄屋《そうしょうや》だけを除いて、すべての百姓に刀狩りをする、というのであった。ここでも、大名が百姓の刀狩りを進めていた。その背後にじかに徳川令があった形跡はないから、大名独自の判断であったにちがいない。秀吉の刀狩令は個々の大名によって受け継がれていた。

ところが、その子の忠利《ただとし》は、それから二〇年後の一六二四年(寛永元)、その城下であった豊前の規矩《きく》郡(福岡県北九州市)だけに「一郡は、百姓以下に、刀・わきざし指し候え、と申付くべき事」と指令していた。父忠興の刀狩りを撤回し、小倉城の膝元の一郡に限って、百姓たちに「刀・わきざし指し」、つまり百姓の帯刀を認める、というのであった。吉村豊雄にその詳しい研究がある。

これをみると、二〇年前の忠興の刀狩りは、百姓に帯刀を禁止する、という形で進められ、それなりに実現されていた。つまり、忠興による豊前(福岡県・大分県の一部)の「国中」を対象にした「百姓の刀がり」も、やはり、百姓の帯刀をやめさせることに焦点があった。

その方策は、小倉城下以外の郡にも広げられた。領内の宇佐郡(大分県)にも、その形跡がある。この撤回指令の後に、その郡の惣庄屋が、それまでの「御免の者」「御免なき者」、つまり郡内の百姓たちの帯刀事情を調べ上げて、「刀脇指御免帳」を提出していたからである。

忠興が惣庄屋だけに認めていた帯刀の免許を、子の忠利は御免という例外措置を大きく拡げる形で復活させ、帯刀を認められた「御免の者」が増えていた。そうすることで、むしろ、農村の武力を積極的に組織し、それによって支配力を固めようとした。吉村はそう見ている。

この刀狩りの撤回令が出た翌年、「中津(大分県中津市)御蔵納」と呼ばれた、忠興の隠居領では、役人が脇指を指す百姓を叱りつけたところ、「脇指に手をかけ」て抗議し、村々の百姓すべてが隣り村に集団で逃散する、という事件が起きていた。どうやら忠興の刀狩りというのは、百姓の脇指まで規制しようという、類のない厳しさで実施されていた。そしてその反動が、百姓たちの間で表面化していた。忠利による百姓刀狩りの緩和・修正策は、おそらくその反発を和らげるためであった。

一六三二年(寛永九)に、肥後(熊本)藩の加藤忠広(清正の子)が改易され、その後には、豊前(福岡県)小倉から細川忠利が移ってくる。その翌年に忠利は、こう指令させていた。「大庄屋・小庄屋は、刀・脇指を指すこと。百姓は脇指までを指せ。持たない者は、すぐに買い求めて指せ。もし指さなければ、過料として、小庄屋は一五匁、百姓は五匁を申し付ける」。

庄屋はみな帯刀し、百姓はすべて脇指を指せ。それは義務だ。忠利は脇指も指さない庄屋を見て、ことのほか立腹している、というのであった。こうやって、それぞれの身分意識を呼び起こさせ、入国したばかりの肥後の国内で、百姓たちの刀によせる名誉の心情に訴えて、村々の秩序を安定させようとした。そう吉村は推測している。たしかに刀・脇指は、人々の身分表象であった。百姓の武装解除という私たちの刀狩りの通念と、まるで逆の発想がここにはある。

日本の武具狩りの夢

しかしやがて、その肥後の足もとで起きた天草・島原一揆は、細川忠利の帯刀観を大きく転回させることになった。一六三八年(寛永十五)、その一揆の直後、忠利はこう語っていた。「一揆を鎮圧するついでに、百姓の武具はみな取り上げてしまいたい。そうすれば、もう一揆は起こせないだろう」と。

しかし、一揆の武装解除策は、忠利の期待通りには進まなかったらしい。そのことに忠利は苛立っていた。それどころか、プロローグの冒頭でみたように、天草では、いちど没収された一揆方の「百姓の鉄砲」も刀・脇指も、みな百姓たちに返されていた。

だから、その二年後、江戸にいた忠利は、全国にわたる「日本の武具かり」をたびたび老中まで申し入れていた。だが老中はいっこうに動こうとしない、と歎いていた。江戸にいる老中と、一揆の地元にいた大名との、一揆への温度差であったろうか。徳川の幕閣は「日本の武具かり」を切実な政治課題とはみていなかったらしいと、吉村はみていた。秀吉の刀狩令は、やはり、徳川に公式にはうけ継がれていなかったことになる。

ところがおなじ年、国元へ帰った忠利は、百姓中に、こう指令していた。大庄屋の武具もこしらえは分限を超えないように、小庄屋の刀・脇指も銀作り以上はだめ、平百姓《ひらびゃくしょう》は銀作りもだめ、と。それぞれの身分に応じて華美は慎めと、やはり外観の差だけを問題にして、平百姓の刀そのものは、否定しようともしていない。

もともと百姓の帯刀に乗り気だった忠利だけに、一揆に脅えて「日本の武具かり」を幕閣に提起していた割には、領内の刀事情には寛大であった。この後、十八世紀後半になるまで、細川藩は百姓の刀・脇指に、まったく関心を示さない、と吉村はいう。その頃から、百姓の帯刀は金(寸志・献金)で買えるようになっていく。それは身分表象の大きな変質であった。

一方、これより先に忠利は、村にある鉄砲の調査を進めていた。一六三五年(寛永十二)に報告された「御国中地侍《じざむらい》の御郡筒《おごおりづつ》の御帳」をみると、領内の一二四カ所の要地には、合わせて一六〇三挺もの「地鉄砲」が備えられていた。それが、天草一揆の後、一六四一年には、二一七三挺にと、一三六パーセントにも増やされていた。それは、村々のもつ鉄砲を上から組織しようという方策であった、という。村々に公式に認められた、二一七三挺という鉄砲の数には驚かされる。「日本の武具かり」どころか、これほどの鉄砲が村々にはあった。

3　身分制御のプログラム

髪・ひげ・刀

秀吉の刀狩りの後も、なお近世初めの村々には、刀・脇指をはじめ、数多くの武器が残されていた。もし、それを使えば罪になった。だが、所持そのものは、問題にもされなかった。しかし、身分表象にかかわる刀の規制だけは、しだいに浸透していく。

出羽(秋田県)の佐竹藩では、江戸の御法度を適用するといって、国元(秋田・仙北《せんぼく》)の百姓・町人あてにこう指示していた。一六一九年(元和五)のことである。「なでつけつぶり・おしまといつぶり・一束つぶり、天神ひげ、一尺八寸よりすのびたる脇指、長つかの刀、朱さや、右七カ条、秋田・仙北も御法度《ごはっと》」と。

「なでつけつぶり・おしまといつぶり・一束つぶり」はさまざまな髪型、「天神ひげ」は変わったひげの形である。「一尺八寸より寸のびたる脇指、長つかの刀、朱さや」は刀の長さ・柄の長さ・鞘《さや》の色である。その頃の町人や百姓は、ほとんどアウトローまがいの、こんなに多彩な風体で街角をのし歩いていた。

百姓・町人たちの指す刀や脇指そのものは、大名もなにも問題にせず、その外観だけをあげつらい、髪型・ひげの形といっしょに、注文をつけていた。それは、庶民の風俗・風体を、その身分にふさわしく、見かけ上で峻別しよう、という身分政策の一環であった。

百姓・町人も、刀は長い柄でなければいい、刀の鞘もはでな朱色でなければいい、脇指は一尺八寸(腕の長さほど)までならいい、という。関心の的は、その外見や体裁ばかりにあった。どうやら、武士の風体との差をはっきりさせたいというだけで、刀・脇指の持ち歩き、つまり百姓・町人らの帯刀を規制しよう、という意図はなかった。

徳川の京都町触《まちぶれ》は、一六二九年(寛永六)に、こう指示していた。「町人が大脇指を指すのは、前から禁じられている。その風体は盗人と紛らわしいから、大脇指を指す町人をみつけたら、盗人とおなじく処分する」と。

これまで、多くの研究者たちは、この「大脇指」の禁止令を、幕府による全民衆の帯刀禁令だとみなし、この法は、秀吉の刀狩令を受け継いだ、幕府の創立いらいの天下の法であった、と大げさに断定してきた。だが、それはおかしい。この掟は、大きな脇指は盗人と紛らわしいから好ましくない。ふつうの短い脇指なら構わない。そうとしか読み取れない。大脇指は盗人紛れと、アウトローの風体だけを気にしているのも、先の佐竹氏の法度とよく似ている。

見分けられる身分へ

その事情は、一六四二年(寛永十九)の尾張藩の法で、もっとはっきりする。領内の町や村に住む町人や百姓が、大刀・大脇指を指すことは禁じる。大きいのはだめだが、ふつうの刀・脇指は構わない。ただし、その鞘の色も、目立つような朱・青漆・黄漆・白檀《びゃくだん》はだめ、刀の鍔《つば》も、大鍔・角鍔はいけない。地味なものなら構わない、というのであった。なお、もしこの定めに背いて、派手なものを指したら、持ち歩いている刀・脇指は没収し、過料を取る、と付記されていた。この法もまた、あくまでも外観の規制だけに関心があった。

岡山の池田藩では、もっと早く一六一一年(慶長十六)、村から雇われた草履取りに「びんきり・ちゃせんかみ・大脇指を停止」し、一六二四年(寛永元)の江戸御法度でも、「建てがみ・下ひげ・大脇指一尺七寸より上は停止」し、大小とも「色さや」はだめといい、その二年後には、「大脇指、長さ一尺八寸より上は停止」と修正していた。ここでも、やはり、髪や髭《ひげ》などの身なりや、脇指の長さも大小の鞘の色なども、外見ばかりが問題にされていた。大脇指の長さ一尺八寸より上はだめというのも、おそらく広く共通の基準になりつつあった。

秋田佐竹氏は外様藩《とざまはん》であったが、尾張藩は徳川の親藩《しんぱん》であり、岡山池田藩は譜代藩《ふだいはん》であった。

しかし、これら一連の法は、じつによく似ている。それらのもとが幕府の法にあったことは、まず疑いない。その幕府の法も、あくまでも風俗規制の法であり、民衆の武装解除をめざした刀狩令の継承ではなかった。というよりは、それこそが本来の刀狩令の真の狙いであった。

長脇指の規制

のち、吉岡孝によれば、十八世紀末の一七九八年(寛政十)に幕府は、関東の村々で、おれは「通り者」(通人)だといって、一尺八寸をこえる長脇指《ながどす》を指したり、派手な衣服を着たりして、徘徊《はいかい》する者がいたら、見つけしだい長脇指を没収せよ、と「百姓風俗取締」令を出していた。

また、一八二六年(文政九)にも、無宿の遊び人が長脇指を指したり、鑓・鉄砲などを持って、村々で狼藉《ろうぜき》を働く。あげくは、それをまねて増長した百姓・町人までが、長脇指を指して狼藉を働いているのは困ると、その厳しい取締りに乗り出していた。

徳川初期の身分に応じた身なりの規制は、やがて長脇指を、堅気からはじき出された、粋な通人や無宿人の目じるし、アウトローの表象とするような状況を生み出していった。

4　江戸町人の帯刀事情

江戸の町触れ

江戸町人の帯刀は、どうなっていたか。一六四八年(正保五)、江戸町人のあいだには、次のような町触《まちぶれ》が廻されていた。「町人が長刀や大脇指を指して、奉公人の真似をしたり、かぶきたる躰《てい》をして、がさつで無作法な者がいたら、見つけしだい、捕まえて処分せよ」と。

江戸の町人たちの中には、長刀や大脇指を指し、武家奉公人の風体をまねたり、やくざな、かぶいたアウトローの身なりをして、江戸の街角にたむろする、そんな連中がたくさんいた。それを取り締まれ、というのであった。やはり刀・脇指は、その長さだけが問題であった。その関心は、町人の風体を、武家奉公人とも、やくざ者とも、峻別することにあったようだ。

たしかに風俗の規制ではある。しかし、秀吉の刀狩りの過程で、奉公人は除くといっていた。それを思い起こせば、奉公人の真似をするなという言葉の裏から、町人と武家奉公人、つまり民衆と武士を風体で峻別しよう、という身分規制の意図がはっきり見えてくる。帯刀を身分によって規制する。その秀吉刀狩令の底意が、徳川による風俗制御のプログラムを通じて、隠微な形で、しみ透りはじめていた。

江戸町年寄の証言

江戸町人の帯刀事情をつぶさに語るのは、一七二〇年(享保五)の「江戸諸事由緒留《ゆいしょどめ》」である。このとき、幕閣から町奉行を通じて「町人が脇指を指しているわけ」を尋ねられた、江戸町年寄の樽屋《たるや》藤右衛門《とうえもん》が、その事情を調べ上げて差し出した、答申の控である。その要点①〜④を挙げよう。

①いま江戸の町人はみな脇指を指しています。ただ、それには、きまった御定めもなく、なんの差別もなく、みな勝手次第にやってきたことです。ただ、軽輩には、夜間など外出のときだけ指す者もいるようです。

②脇指の寸法は一尺八寸以内、と定められています。それは、一六四五年(正保二)のこと、と伝えられます。はっきりした触書《ふれがき》(公文書)もないのですが、町人はみな、それをよく心得ています。

③「常の町人」(一般町人)は、先年から、「旅立・火事・婚礼・葬式」などのほかは、帯刀しないことになっています。その後、「御扶持《ごふち》の町人」(御用町人)を除いて、「町人が刀を

指すことは御停止」となりました。それは、一六六八年（寛文八）のことでした。ただし、その後も、旅立と火事のときだけは、町人も帯刀を認められてきました。

④しかし、一六八三年（天和三）になると、その特例も停止され、あわせて、御用町人も町年寄も、みな「刀を指すことは御停止」となってしまいました。

江戸という大都市の窓から、徳川の世の帯刀事情の変わりようが、くっきりと見えてくる。①もともと、江戸の町人がみな脇指を指すのは、なんの差別もなく、自由にやっている。たとえ軽輩でも、夜の外出のときは指している。②ただ、脇指の長さだけは、一尺八寸以内と限られ、町人たちもみなそれをよく心得て守っている。

③ふつうの町人が帯刀（一本指し）するのも、「旅立・火事・婚礼・葬式」など、非日常のばあいには、許されていた。ところが、十七世紀半ば過ぎに、御用町人四〇人ほどを除いて、一般町人の帯刀は公式に禁止された。それでもなお、旅立と火事のときだけは、一般の町人でも、帯刀を許されていた。共同体の外へ出る旅のとき、火事場にかけつける非常のときは、帯刀してもいい、というのであった。帯刀は旅のときの身分の表象であり、火事場の武器でもあった。またそれは、非常のときの帯刀を不可欠とする、根強い世の習俗に支えられていた。

④しかし、十七世紀の後半になると、例外なく、すべての町人が帯刀を禁止された。

以上の①～④からみて、まず、脇指を指すのは、すべての町人の日常であった。また、非日常の帯刀も、長く一般町人のものであった。それが、特例を除き、御用町人だけに限られたのは、ようやく十七世紀半ば過ぎ（一六六八年）になってからであった。すべての町人の帯刀が禁止されるまでには、さらに、それから一五年（一六八三年）がたっていた。関ケ原からじつに八四年目のことで、これが、徳川の世の江戸の町の帯刀事情であった。公の帯刀は禁止されても、没収されたわけではなかった。秀吉の刀狩りを百姓・町人の武器の廃絶とみる、これまでの通念には、これだけの反証がある。

秀吉の刀狩りは、特別な帯刀免許を伴いながら、原則的には帯刀禁止という形で進行していた。それと比べても、江戸庶民の帯刀は、徳川の世になってからも、とくに厳しく規制されていたわけではなかった。むしろ、十七世紀半ば過ぎまで、町人の帯刀はかなり緩やかであった。

惣町人刀停止令

ただ江戸町人の帯刀事情からみても、十七世紀半ば過ぎという時期は、大きな画期であった。初めての町人の帯刀禁止令というのは、一六六八年（寛文八）三月に出た、つぎのような江戸の町触を指していた。「町人、刀を帯びて、江戸中を徘徊の儀、いよいよ堅く無用たるべし、但し、免許の輩は制外の事」。

この指令を、先の町年寄の答申では「惣町人刀停止」令と呼んでいた。江戸の町人たちに、初めての本格的な帯刀停止令として、衝撃的に受け止められたものである。この言葉から、その様子がよくわかる。旅立・火事だけに限った免許の条項も、別に立法されていた。これらは町年寄の答申の通りであった。本令についで、「刀改め」が指示され、禁令の違反者は、見つけしだい逮捕する、と追加法が強化されていた。それほど、帯刀を規制するのは困難であった。「刀改め」といっても、惣町人刀停止令が刀の没収を伴った形跡はない。帯刀を武士だけの身分表象として独占する。やはり、それが法の狙いであり、一六八三年(天和三)まで、さらに徹底が図られていく。

一六八三年の江戸の町触は、第一条で「町人・舞々《まいまい》・猿楽《さるがく》は、たとえ御用を務める者でも、刀さすべからず」とし、第二条では「百姓・町人の衣服」を規制した。そのため、あわせて「町人刀・衣類改め」令と呼ばれた。「改める」は取り調べを意味した。帯刀と衣服をともに規制する。それは、先にみた諸大名の法が、風俗のなかに刀の規制を織り込んでいたのとおなじことである。つま先から頭まで、身分は見れば分かるように規制する、というのであった。

「町人は後藤・本阿弥(特権商人)まで、刀ささせ成されず」といわれた。新たな規制の重点は、特権町人の帯刀（二本指し）免許を取り消すことにおかれ、たとえ豪商といえども、例外は認めない、というのであった。前の法にあった旅立・火事は規制外という条項も、すべて撤回された。この法は「町人が刀を指すことは一切無用」といわれ、これを加賀の前田藩も、国元の金沢にまで送って、その執行を指示していた。町人の帯刀を禁止するこの法は、江戸の市中を超えて、大名領にも適用を求められる公儀の法として、位置づけられようとしていた。

脇指の街角

江戸の町年寄は、町人ならだれでも脇指を指している、といっていた。その脇指が、江戸の街角に、どのような情況をひき起こしていたか。その断面を、十七世紀後半の江戸市中の事件簿「御仕置裁許帳《おしおきさいきょちょう》」によって探ってみよう。市中の事件でどんな凶器が使われていたか。

この事件簿には、およそ三〇〇件の死傷事件が書き留められている。そのうち、「切り殺し」「切り付け」などと、刃物を使ったとみられる事件は、二五〇件（八三パーセント）ほどもある。そのうち、凶器の別がわかるのは一〇〇件ほどで、その内訳は、脇指七〇・小刀一〇・庖丁五・その他一〇である。つまり、凶器のじつに七割までを、脇指が占めていた。それを使っているのは、ほとんどが一般の町人・百姓で、若党・中間《ちゅうげん》など武家奉公人は一〇件に過ぎない。

ほかに、互いに口論して脇指を抜いたとか、道で犬に吠えられたので、脇指を抜いておどしたとか、不意に切り付けられて、脇指を抜き合わせた、などが記録されている。町人たちは家に脇指を持っていただけではなく、ふだんの外出でも脇指を身につけて歩いていた。脇指はいつも街角の日常のなかにあった。

事件簿の判例はどれも、脇指を使った死傷事件に、一貫して重罪を科している。だが、町人・百姓の脇指の所持そのものを、違法として取り締まってはいない。ほかに「刀を抜く」という事件もいくつかあるが、それらは足軽・若党・浪人・儒者に限られ、町人・百姓の例はない。町人・百姓も脇指を(身分表象として)ふだん持ち歩くが、それを(武器として)使えば極刑になった。それは、刀狩りの結果でもあった。

5　村の帯刀事情

徳川の世になって、村の百姓たちの帯刀は、どうなっていったか。秀吉の刀狩令は、徳川にそのまま踏襲された。だから、百姓の帯刀はもとより禁止され、脇指を指すことすら許されてはいなかった。それがこれまでの通説であった。はたして史実はどうであったか。

先にみた初期の大名法では、町人・百姓が大刀・大脇指を指すのは禁じていた。しかし、ふつうの刀・脇指なら指してもよく、長さや形や色が細かく規制されただけであった。江戸の百姓も、少なくとも初期には、刀・脇指つまり帯刀を許されていた、とみるのが自然である。

尾張藩の村では

尾張（名古屋）藩では、一六三二年（寛永九）、領内の村々で、「相当《あいとう》」（復讐）と呼ばれた、村どうしの武闘事件が持ち上がっていた。そのとき、先に攻撃して死者を出した側には、「百姓の身で押し寄せたのは、まことに不届きなので、死に損とする」といい、防戦した側には、「刀・脇指で殺したのはもっともだが、鑓を使ったのは如何なものか」といっていた。また、防戦側の次郎助は「代々の地侍《じざむらい》だから、弓・鉄砲も苦しからず」とされていた。

百姓どうしの「村の戦争」で、先に攻撃をしかけた側は、「百姓の身で押し寄せたのは重々の不届き」とされていた。「百姓の身」つまり百姓の身分にふさわしくない。それが、藩側の公式な見解であった。百姓どうしの武器による喧嘩・刃傷を抑制する。それは喧嘩停止令いらいの、徳川の祖法であった。

一方、防戦した側は、刀・脇指をつかって人を殺した。しかし防戦は「もっともなこと」で、お構いなしだが、鑓をつかったのは遺憾だ、という。村の百姓たちの手元には、刀も脇指も鑓も、弓も鉄砲もあった。百姓たちは刀・脇指を指して、喧嘩の現場に駆けつけていた。刀・脇指でも、防戦なら人を殺しても違法ではなかった。さらに、サムライという百姓の身分しだいでは、村に弓や鉄砲があっても構わなかった。

秀吉の刀狩りの後すでに四十余年、これが村の武器の実情であった。鑓は武器だから、その使用には疑問もある。だが、刀・脇指は、百姓でも身につけるのは当然で、やむをえぬ防戦なら、それをつかって人を殺しても合法だ、というのであった。この尾張藩では、刀・脇指は百姓にとっても特別な表象で、ただの武器(凶器)だ、とはみなされていなかった。

越前藩・徳島藩の村では

一六八七年(貞享四)、越前(福井)藩は、領内の喧嘩口論の法で、「刀・脇指をさし、弓・鑓などを持ち出し、百姓に不似合《ふにあ》いのしかた」があれば、たとえその行動に理があっても、処罰する、と定めていた。この語り口からみて、百姓が「刀・脇指をさし、弓・鑓などを持ち出」すことは十分にありうる、と藩側は予期していた。

百姓はふだん刀・脇指を指していたし、家には弓も鑓もあった。所持するだけなら、なにも問題はない。だが、それを集団で喧嘩の場に持ち出すのは、「百姓に不似合いのしかた」で違法だというのであった。越前の村々の武器事情が、透けてみえてくる。

右の尾張藩では、村どうしの喧嘩を買った防戦側が、刀・脇指で人を殺しても、罪は問わない、としていた。越前藩では、喧嘩に刀・脇指、弓・鑓を持ち出すのは、「百姓に不似合い」だ、と抑制を求めていた。尾張藩でも「百姓の身で押し寄せたのは重々の不届き」とされていた。百姓が武器を使うのは、身分不相応だからいけない。それが法の重点であり、武器の規制が焦点ではなかった。百姓が刀・脇指を指すこと自体が違法、とされている形跡はない。

一六七四年(延宝二)七月、徳島藩の村の法は、村々で盆踊りや雨乞躍《あまごいおど》りなどのとき、踊り子たちや見物人が「刀・脇指さし申す儀は御法度」と定めていた。日常の帯刀は構わない。だが、非日常の祭りの場では、しばしば不測の逸脱があり、刃傷も起きやすい。それをあらかじめ防ぎたい、というのであろう。十七世紀後半になっても、まだ徳島の領内でも、「刀・脇指さし申す」百姓たちが、どの村にもいた。

百姓に不似合い

どの規制にも「百姓に不似合い」という発想が目につく。

一六七七年(延宝五)十月、紀州(和歌山)藩では、領内の村々にこう定めていた。大庄屋のほかは、百姓が刀を指すのを停止する。ただし、サムライの筋目があって指してきた者は構わない。百姓に不似合いなことはするな、と。

「百姓が刀を指すのを停止する」と、百姓の帯刀禁止を公然とうたった村の法は、知られる限り、これが初めてである。江戸の町で、御用町人を除いて、「惣町人刀停止」令が出されたのは、これより一〇年前の、一六六八年三月のことであった。この一六七七年まで、百姓の帯刀は、まだ村の日常のなかにあった。

この紀州藩の村法も、刀は百姓に不似合いだ、と語っていた。刀というのは、帯刀(二本指し)のことで、大庄屋やサムライの筋目があれば帯刀できた。村に刀・脇指があっても問題はない。刀・脇指の規制も、村や百姓からの武器の没収ではなく、明らかに身分を制御するプログラムとして登場していた。

もう十七世紀の終わりに近い、一六九二年(元禄五)二月、京都の町触もこう定めていた。郷《ごう》侍《ざむらい》の由緒が確かなら帯刀してもいい。ふつうの百姓がみだりに帯刀してはならぬ、と。やはり、原則的に百姓の帯刀を禁止していた。また、別の触《ふれ》ではこうもいう。ただし、百姓であっても、これまで村の神事のときに帯刀してきた者は、その帯刀も構わない。だが、みだりに帯刀はするな。また武家の用を足すとき、百姓が帯刀するのも構わないが、私用で帯刀してはならぬ、と。

百姓の帯刀を禁止するといっても、現実には、いくつもの例外が認められた。刀・脇指はつねに百姓たちの手元にあった。帯刀が乱用されるおそれも、まだ多かった。一七〇二年(元禄十五)四月の京都の町触になって、ようやく「町人・百姓等、刀帯び候儀、御停止」と、明記されるようになっていく。包括的な「町人・百姓帯刀停止令」の確立といってもいい。

江戸の町とおなじように、ほかの村々や町場でも、ほとんど十七世紀の後半に始まり、その末期になって、ようやく、百姓の帯刀禁止令が原則として広まっていった。ここに、その形跡が明らかになる。秀吉の刀狩令の狙いは、「百姓に不似合い」という論理で、徳川の世に広く受け継がれてきた。帯刀は武家にこそ似合うが、百姓には似合わない。百姓は百姓らしく。大名が百姓の刀を語るとき、いつも、この「百姓に不似合い」という説得が、つきまとっていた。それが「町人・百姓の帯刀停止令」に行き着くまで、ほとんど一世紀が経っていた。

村の帯刀事情

十八世紀の村の帯刀事情も、ここで見通しておきたい。

山城の禅定寺《ぜんじようじ》村では、一七二一年(享保六)に、「帯刀御改め」が行われた。その結果、もと もと村郷士《むらごうし》という筋目のある家に限って、神事(神社の祭り)の時だけ、帯刀(二本指し)が許されていた。この村の郷士は、村に住みながら、村役も人足も免除され、百姓とは区別されて、郷《ごう》侍《ざむらい》と呼ばれていた。中世の村のサムライの血筋をひく人々であった。神事のときだけの帯刀というのは、先の鞍馬寺の刀狩りや、筥崎宮の刀狩りでもとられた、秀吉による措置であった。それとおなじ帯刀免許の措置が、十八世紀初めの村でもとられていた。

この帯刀改めは、おなじ山城の山科(京都市山科区)の村々でも行われた。ここでは、一五カ村で一七七人におよぶ、由緒による帯刀の免許が記されていた。平均して一村で一二人ほどの村人が、あらためて帯刀を許されていたことになる。かつて毛利氏の執行した出雲の刀狩りが、一二郷・九九人(一村平均は八人強)から、刀・脇指一組を没収していたのと、近似した数字である。一村で一二人ほどの帯刀というのは、中世にふつうに見られた村の帯刀者の実情を、ほぼ反映した数字とみてよいであろう。

ただし、日常ふだんに帯刀を許されたのは、村頭《むらおさ》と神主だけで、ほかは、神事や祝儀のときだけの帯刀であった。これは、右の禅定寺村とも一貫する。免許された村人を記した「郷士名前帳」には、「常の帯刀は、百姓だから、認めない」と付記されていた。

百姓には日常の帯刀は認めない。それは秀吉の刀狩令いらいの原則であった。これはやはり、百姓の帯刀規制の貫徹、ということができる。ただし没収ではなかった。村の百姓たちの手元には、帯刀のための刀・脇指が常に保有されていた。この事実もやはり見逃すべきではない。

秀吉の刀狩りが行われ、さらに徳川の世になってから、すでに一〇〇年以上も経っていたが、民間の刀・脇指はあいかわらず政治の関心を引きつづけていた。そのことも確かめておきたい。しかし、やがて百姓の帯刀は、金持ちの褒美や寄付によって、手にはいるようになっていく。

帯刀権を献金で買う

吉村豊雄の調査によれば、肥後藩では、一疋一領《いっぴきいちりょう》とか地侍《じざむらい》とよばれ、村で帯刀を許された人々が、しだいに増えていく。一六九四年(元禄七)には、一疋一領が八一人、地侍が一二三人であった。それが、一七六四年(宝暦十四)までの七〇年間に、一疋一領は二六三人、地侍は一八八人にふえていた。合計では約二・二倍、一疋一領だけでは三・二倍にと、その数は大きく増加していた。

それは「寸志」と呼ばれた、百姓たちの積極的な献金の結果であった。それによって、村の帯刀人が倍増していった。それは百姓たちの「身分買い」をさらに刺激し、寸志による帯刀に駆り立てた、という。近世の中期には、帯刀権は金で買えるようになっていた。こうした帯刀人は、やがて武士の身分に組み込まれ、のち明治維新によって士族になった、という。刀狩令の大きな転回であったが、帯刀はなお身分の表象でありつづけた。

6　村の鉄砲の世界

幕府の諸国鉄砲改めの現実

十七世紀末の村々には、武士がもつ以上に、大量の鉄砲があった。それは害鳥獣を追う農具としての鉄砲であり、時とともにふえていった。この事実を明らかにして、学界に衝撃を与えたのは、塚本学『生類をめぐる政治』であった。ことに、丸腰の民衆・武装解除された民衆という通念にあたえた衝撃は大きかった。刀狩りの現実をみつめる上でも、重要な発見であった。たとえば、信濃(長野県)の松本藩のばあい。幕府の軍役として、この藩(武士)に課せられた鉄砲は二〇〇挺であった。ところが、一六八七年(貞享四)に、幕府の諸国鉄砲改めという、諸国の村や町にある鉄砲の取締り令が実施された。その結果、明らかになった藩領の村々の鉄砲の数は、じつに一〇〇〇挺を超えていた。村(百姓)の鉄砲は、藩(武士)の用意すべき軍役鉄砲二〇〇挺の五倍に達していた。この鉄砲改めで没収された鉄砲も、半数の五〇〇挺にのぼった。それでもまだ、軍役鉄砲の二倍半もの鉄砲が、藩領の村々には残されていた。

相模(神奈川県)の小田原藩では、十七世紀はじめから、村々にいる鉄砲打ちが、村足軽(のち村筒《むらつつ》)として組織されていた。それは本百姓の役とされた。その実情を、平野裕久が追っている。その数は、同世紀の中ごろには、鉄砲数で八三一挺に及び、時とともにその数はふえていった。家数三八軒の箱根仙石原《せんごくはら》村では、本百姓が五軒(一六七二年)から二五軒(一七一四年)にふえるとともに、村足軽(村筒)も四軒から九軒にふえていた。本百姓二五人のうち、村の鉄砲は九人(三人に一人)を占めていた。

塚本によれば、仙台藩の村々には三九八四挺、尾張藩の村々には三〇八〇挺以上、紀州藩の村々にはじつに八〇一三挺、長州藩の村々にも四一五八挺の鉄砲があり、没収されたのは、ごくわずかであった。鉄砲改めといっても、村の鉄砲をすべて没収しよう、という武装解除ではなかった。

藩のもつ鉄砲は、村々の鉄砲の数にはるかに及ばなかった。徳川の世になってから十七世紀末になるまで、およそ九〇年ほどのあいだ、幕府や大名による村々の鉄砲の取締りは行われたことがなかった、と塚本はいう。鉄砲改めの史実を探ってみよう。

村の鉄砲規制の初令を探る

一六三二年(寛永九)八月、肥後の加藤忠広(清正の子)が改易され、細川忠利が熊本へ国替になると、改易の執行に当たった幕府上使衆は、熊本城下に制札を立てた。その第二条に「猟師のほか、札《ふだ》なくして、山野にても、鉄砲打つべからざる事」と明記されていた。市中・山野をかぎらず、猟師のほかに「札」のない者は鉄砲を打ってはならぬ、というのである。刀剣と鉄砲とを峻別し、鉄砲に重点をおいて鉄砲を札=鑑札制にしたのは、十七世紀もかなり早い頃であったらしい。史料で私のみた鉄砲札というのは、これが最初である。

さて、徳川の鉄砲規制が関東ではじめて現われるのは、一六四五年(正保二)頃か。その六月に、江戸廻りでみだりに鉄砲をうって人馬を傷つけることがあるので、「最前の指令」の通り、鉄砲役人のほか鉄砲うちは無用と、旗本たちに命じられた、という。これは、旗本だけが対象のようだが、「最前の指令」というのは、まだ明らかではない。江戸とその周辺で鉄砲をうつなというのは、先にみた秀吉令が、自分の城のある京や大坂の一帯に鉄砲を禁止したのとよく似ている。だから、武士以外にも適用される法であったにちがいない。

ついで一六五七年(明暦三)正月には、関東の盗賊人対策法の一環として、「それ以前からの定め」の通り、山あいの村で鉄砲を免許されている以外に、村々で鉄砲を所持してはならぬ、密告すれば褒美を出す、もし見つかれば罪科に処す、という法がみえる。

関東の村々で、原則として鉄砲を所持することを禁止する(ただし山間で免許された鉄砲はいい)という「それ以前からの定め」が、もっと早く出されていたことになる。だが、どの法を指すのか、まだ不明である。おなじ趣旨は一六六一年(万治四)三月にも、関東と甲州の九カ国あてに再令されていた。

鉄砲改めの本格化

どうやら、関東で幕府の鉄砲改めがシステムとして本格化するのは、十七世紀の半ば過ぎであった。右の法の翌一六六二年(寛文二)九月、関東では、村の鉄砲を取り締まる本格的な法が打ち出され、やがて諸国にも広がっていく。

それは、関東では、たとえ山間で、鉄砲が許されているところでも、猟師鉄砲として登録されたほかは、鉄砲の所持を禁じ没収する、猟師鉄砲には村名と鉄砲主の名を記した札を交付する、他人に貸してはいけない、というものであった。鉄砲改めの札(鉄砲の鑑札制)というのも、これ以後うけつがれていく。関東の諸大名は、それぞれ領内の鉄砲所持者を調べて、その覚書《おぼえがき》を提出せよ、と命じられていた。

さらに一六七五年(延宝三)三月、関東中の村々で鉄砲の所持を禁止しているのに、それに背くものがあるとして、その鉄砲を取り上げることを指示した。これで一六六二年令がよく守られていなかった、という現実が明らかになる。ただし、鉄砲が不可欠の山村には、鑑札を出して認めるが、そのほかは「すべて町人・百姓は、以後、鉄砲を所持すべからず」と明記した。江戸の町に「惣町人刀停止」令が出されたのは、これより早い一六六八年のことであった。

ついで翌一六七六年(延宝四)七月、関東八州の村々では、免許された猟師鉄砲の登録を、幕府が直接に管理すると定めた。その取締りに、「鉄砲改《てつぽうあらため》」という特別の職まで置いて、鉄砲改めにのり出し、不法所持は「罪科」にするとした。一六七五年令の整備かつ強化であった。

強化といっても、ただし山間では、鹿・猪・猿・雉子など、作物を荒らす害鳥獣に備えて、鉄砲を射つのは認める、とされていた。鉄砲の使用は、原則としては禁止だが、害鳥獣向けなら認めよう。ここには、例外を認めつつ、武器の使用を制御するという、秀吉の刀狩令の原則が、そのまま活かされていた。くり返しの鉄砲改めが、いっこうに効果を上げていなかった形跡である。むしろこの例外措置のもとで、村々には藩をしのぐほどに、鉄砲が増えていった。それが徳川前期の現実であった。これでも、武装解除された民衆ということは、はたして成り立つだろうか。

厳しい規制で鉄砲がふえた、というのはおかしい。そう思われるかもしれない。しかし、規制は必ずしも禁止を意味しない。現代の厳しい自動車の運転免許制が、むしろ日本の車社会の安定した広がりを支えている、という事実を思い起こせばいい。

生類憐み令と全国鉄砲改め

塚本によれば、鉄砲規制の方針は、やがて将軍職をついだ徳川綱吉《つなよし》の政権のもとで、それまでの関東令から、大きく全国令へ広げられていく。一六八五年(貞享二)二月令は、「この頃、みだりに鉄砲をうつ者がいる」と明記した高札を立てて、その犯人を捕まえたら銀三〇〇枚、同類の訴人には銀二〇〇枚、見つけて届けたら銀一〇〇枚の褒美を出す、といっていた。これだけ高額の賞金から、かえって、鉄砲所持の禁令がいっこうに守られていなかった、という様子がみえてくる。

翌々一六八七年(貞享四)十二月以後、幕府による諸国鉄砲改めは本格化する。それは、いわゆる生類憐み令《しょうるいあわれれい》と連動していたという。猟師鉄砲(実弾、狩猟用)・威《おど》し鉄砲(空砲、害鳥獣用)・用心鉄砲(実弾、治安用)のほか、村々の鉄砲はすべて没収する、とされた。これが全国にわたる鉄砲取締り令の最初とされる。それまでは、すべて関東向けであった。

この指令によって、はじめて全国の村々の鉄砲が検査されることになった。しかし、威し鉄砲を空砲とすることは、獣害には効果がなかった。やがて一六八九年(元禄二)六月、この厳しい方針は緩和され、猪・鹿・猿が作物を荒らすときは、実弾を使うことが認められた。村の鉄砲は、百姓が野獣のテリトリーへ耕作を広げるのに、不可欠の農具となっていた。

鉄砲改めは百姓の武装解除令か

諸国鉄砲改めを重要な一環とする生類憐みの政策は、徳川による人民武装解除策という意味さえももった、と塚本はみている。鉄砲の用途を害鳥獣用だけに限る。その他の鉄砲は、大名の村の鉄砲もふくめて没収し、幕府が管理する。原則として村の武力を否定する。それが少なくとも幕府の意図であった、という。

しかし鉄砲は、武器であるとともに、農業に必須の生産手段、つまり農具となって広がっていた。武器はだめだが、農具ならいい。幕府の鉄砲改め策は、この矛盾をついに解決できなかった。だから、村の猟師鉄砲や威し鉄砲には、幕府も寛容でなければならなかった。そして、一七〇九年(宝永六)、将軍綱吉の死とともに、諸国鉄砲改め令も撤回された。田畑や人馬に被害を及ぼす猪・鹿・狼に、鉄砲を実弾で打つのは自由、打ち留めた数の届けも、威し鉄砲などの免許も、ともに不要ということになった。

ただし、鉄砲が野放しになったわけではなかった。獣類のほかに、村や町でみだりに鉄砲をうつな、という掟は生きていた。年に一度は鉄砲改めに証文を出せ、とも定められてはいた。とくに江戸近辺でむやみに鉄砲をうつことは、あらためて禁止とされた。それを再令する必要があるほど、江戸とその周辺でも、あいかわらず鉄砲をうつ者が多かった。

享保の鉄砲改め

なお、その後、一七一七年(享保二)五月、幕府は鉄砲改めを再令して、関東に限って一六八七年(貞享四)令の水準にもどす、と宣言した。ただし、害獣に実弾(玉込《たまごめ》鉄砲)を使うのに、許可は要らないとした。また、江戸から十里四方の鉄砲は、のこらず取り上げとし、猟師鉄砲も禁止して、使えば没収する、もし害獣に困るときは指示を得よ、とした。これは、将軍の鷹狩りのために鷹場を設け、それを維持するため、関東八州に鳥打ちを禁止するのが主眼であったという。幕府はこの鉄砲改めによって、隠し鉄砲の摘発をすすめた。

だが、武井弘一によれば、その後、一七二九年(享保十四)令によって、許可さえあれば、猪などの害獣対策に限って、鉄砲は必要なだけ使ってもよく、村の鉄砲の数量の制限は撤廃された。ただ、諸藩は先の綱吉令を祖法として、それぞれの領内の鉄砲規制を進めた。綱吉令の撤回によって、村の鉄砲が自由に野放しになったわけではなかった。もともとは、鉄砲は領主が村人に預けているものであり、鳥獣以外の殺生には使わせない。そのたてまえは、諸藩の村々の法にも生きつづけていた。

山村の鉄砲

害獣と日ごとに戦い、生きるための狩猟を日常とした、山村の鉄砲の増加は大きかった。武井によれば、一七四五年(延享二)、日向の山村であった椎葉山の村々には、九五五軒の戸数に、五八六挺もの鉄砲があった。うち実弾をつかう猟師鉄砲は四三六挺であった。

それが、一七六一年(宝暦十一)になると、猟師鉄砲は四八九挺にふえ、米良《めら》山・椎葉山などの猟師鉄砲の数は、合わせて一〇六三挺にのぼり、この年の鉄砲改めによって、不要な鉄砲二五六挺が没収されていた。

さらに、一八三六年(天保七)になると、猟師鉄砲は五八六挺にまで、もとの一三四パーセントにも増えていた。そのころ、椎葉山の村々では、家ごとの鉄砲の数は、多い村では、ならして八〇パーセントをこえ、平均でも六四パーセントにたっしていた。鉄砲を登録された村人の九七パーセントまでは、サムライ分の人々であったという。ただ、それは名目らしく、ほんとうの猟師がだれであったかは、証拠がない。おそらく現実には、殺生を伴う猟師への差別が広がっていた、と塚本は注目している。領主も狩猟の果実(とくに熊の胆)を手にいれようとして、山村に盛んに鉄砲を認めた。こうして、獣に向けた農具として、とくに山村の鉄砲がいっそうふえていった。

武器から農具への変身を歎く

十七世紀末ころ、松江藩士であった香西頼山は、徳川の世の鉄砲の変貌ぶりを、こう歎いていた。「ほんらい(鉄砲は)敵を打ち亡《ほろ》ぼす役なるを、敵をうつ本心を忘れ、鳥獣を打つものとばかり、思う者多し」と。武具から農具へ、村の鉄砲はすでに武器であることが忘れられ、その性格を大きく変えていた。しかし、もともと鉄砲が武器であることには、変わりがなかった。だから、山村に蓄えられた大量の鉄砲は領主にも脅威であった、と武井は推察している。

天保の関八州鉄砲改め

十九世紀に入って、関東の一帯で農村の治安が悪化すると、一八三八年(天保九)、「関東の山中でも、猟師のほかは、鉄砲を所持すべからず」という、鉄砲改めが再令される。

小田原藩では、これを受けて、村筒《むらづつ》(村持ちの鉄砲)のほか、すべての鉄砲所持者について、実態調査を行い、幕府の査察に備えて、鉄砲一挺ごとの鑑札を配っていた。猟師の熊取り鉄砲がだめなら、猪や鹿の威し(害獣駆除)鉄砲という名目で、という願いが出され、認められていた。平野裕久によれば、鉄砲調べの狙いは、村の鉄砲を減らすことにはなく、鉄砲の持主を確かめて、村筒小頭《こがしら》(村の鉄砲衆のまとめ役)の統制の下におこう、というものであった。村の治安が保てるかぎり、藩としては、村の鉄砲を厳しく取り締まる必要もなかった。

この年の鉄砲改めで交付されたらしい、鉄砲の所持許可証が、小田原城天守閣にいくつか陳列されていたのを、ふと思い出して、学芸員の湯浅浩を訪ねてみた。

もと地元近くの菖蒲村に伝来したという一例をみると(本章扉参照)、小さな木札《きふだ》の表に「天保十己亥年三月/猟師鉄炮壱挺　玉目三匁三分/相州足柄上郡菖蒲村/持主　七郎右衛門」と筆で記され、裏に「正/慎」という二つの焼印が押されていた。

ほかに、それより一〇〇年ほど前の一七三七年(元文二)に交付された木札もあった。その一方の側には「猟師鉄炮／壱挺／玉目三匁三分／巴／伊奈半左衛門内／成瀬孫左衛門判／小崎善蔵判」と墨書し、他方に「元文二／巳四月／菖蒲村／持主覚左衛門」と書き、さらに「右之通り之札／天保十亥年十二月／小田原役所納」と追記している、という例もあった。

これらの木札の大きさは、およそタテ一二センチ余・ヨコ七センチ余・厚さ一〜四ミリ、という、薄く小さな杉の板きれである。どれも中央の上部には、ひもを通したらしい小さな穴が空いている。もとは鉄砲一挺ごとに、この鑑札をくくり付けておいたものか。

武井によれば、この天保の鉄砲改めは、ふつうの百姓の鉄砲も、免許のある猟師鉄砲(鑑札筒)なら問題はなく、それ以外の鉄砲は取り上げる、というものであった。しかし、その焦点は、村の猟銃ではなく、関東でやくざな長脇指《ながどす》の悪党がもち歩く鉄砲を、「隠し鉄砲」として摘発することにあった、という。ただ現実には、じかに悪党から鉄砲を摘発した例は、まだ知られていない。村々を徘徊する悪党たちが、村でたやすく鉄砲を手に入れられる。それほど多くの鉄砲が、天保期の村々にはあった、という事情が背景となっていた。

村の悪党と鉄砲

この鉄砲改めで、関八州の村々から摘発された隠し鉄砲は、武井によれば、全部で一六六六挺(一村あたり約四挺)にのぼった。うち上野(群馬県)の鉄砲は四七七挺(一村あたり六挺)、武蔵(神奈川~埼玉県)の鉄砲は一六八挺(一村あたり約六挺)、下野は八七一挺(一村あたり約三挺)など、一村あたり約三~六挺というのが目立っている。村の平均は約三・五挺であった。鉄砲の大きさは三匁五分筒を中心とした、三匁台の筒であった。

それらの鉄砲も、猟師用(猟師筒)・害獣用(四季《しき》打《うち》筒)など、村の生活に必須であれば、領主への願い出を条件に、幕府は村の鉄砲として認可していた。摘発された鉄砲の九八パーセントは四季打筒であった。しかしそれらもあらためて認可された。こうして村の需要にもこたえ、自治の力をもった村に鉄砲を管理させる。その方が、村々を徘徊するやくざな悪党の対策には有効だ。それが幕府の認識であったらしい。

幕府の掟では、村の害獣用の鉄砲は、四季打鉄砲(一月~十一月、中春から中冬まで四季に使う)と二季《にき》打《うち》鉄砲(四月~七月、初夏から初秋まで二季だけ使う)に分けられ、その期間が過ぎると返却する、というたてまえであった。その定めが、ここに再令されているのは、掟が守られていなかったからだ、とみられている。関東で摘発されたのは、ほとんどが四季打鉄砲で、その分布は、江戸から離れた山間に集中していた。村の鉄砲は、明らかに害獣用の農具として、その数を大きくふやしていた。

百姓一揆と鉄砲不使用の原則

一方、百姓と領主のあいだには、いつしか鉄砲不使用の原則が生れていた、という。その原則は、百姓たちの自己規制と、領主との協働のなかから生れた。これが、百姓の鉄砲からみた、百姓一揆論の新しい水準である。小椋喜一郎・安藤優一郎の研究によって、その達成をみよう。

百姓も領主も、たがいに鉄砲は使わない。人に向けては発砲しない。この原則は確かに生きていた。十八世紀半ばの一七四八年(寛延元)末、播磨(兵庫県)の姫路藩に百姓一揆が広がったとき、藩側は一揆を威嚇するため鉄砲を使ったと、わざわざ幕府に届けを出していた。大名が発砲を幕府に届け出たのは、これが初めてであったらしい。一揆にむけて大名が発砲するには、それほどに厳しい規律が求められていた。

だから、幕府側もこれを咎めて「百姓(一揆)どもが飛道具を持っていたのか、それとも、棒だけだったのか」と詰問していた。これに藩側は「(一揆は)飛道具は持ち申さず」と答申したため、幕府側は「時宜《じぎ》(場合)によるが、飛道具を用いるのは無用」と警告していた。一揆側が鉄砲を使わない限り、大名側が鉄砲を使うのも認めない。それが幕府の姿勢であった。

おなじころ、百姓一揆に城下を襲われた、陸奥(福島県)の会津藩は、一揆に発砲して死者を出していた。しかし、その事実をかくして、もし百姓に不法があれば鉄砲を使ってもいいかと、おそるおそる内々で、幕閣に問い合せをしていた。この藩にも、百姓一揆への発砲には幕府の許可がいる、という認識があった。藩の家老も、一揆の鎮圧に向かう藩士に、「飛道具は容易に用いざる心得が大切」と説いていた。「兵器を持たない者を、鉄砲で打ち捨てるという道理はない」とも説かれていた。この近世の鉄砲感覚は貴重である。

幕閣は会津藩の問い合せに、やはり「(一揆は)打物・飛道具でも持っていたのか」と問い、さらに「(一揆が)飛道具などを持って手向かいすれば、届けには及ばず」と答えていた。こうして、十八世紀中ごろには幕府も、一揆が使わない限り、大名も鉄砲を使わない、鉄砲を使うには幕府の許可がいる、という方針をはっきり、とりつづけていた。これまで領主が一揆の百姓に向けた発砲の例は、公式にはほとんど皆無であった。それは歴史の奇跡であった。

発砲の衝撃

だが、十八世紀後半になり、大名に異議を申し立てる百姓一揆が激しさを増すと、圧倒された大名も一揆に鉄砲を向けはじめる。一七七三年(安永二)、飛驒(岐阜県)の幕領高山で、検地反対の一揆が起きた。高山代官は周辺の諸藩に救援の出兵を求め、それに応じた郡上《ぐじょう》藩兵の発砲によって、一揆側に多くの死傷者が出た。

これに衝撃をうけた蘭学者の杉田玄白《すぎたげんぱく》(一七三三〜一八一七)は、「徳川の平和のもとで、鉄砲で百姓を殺したというのは、これが初めてだ」と書いていた。それほど、百姓(人)に向けて鉄砲を使うことには、社会の大きな自制と抵抗が育っていた。鉄砲をつかえば、支配と被支配の正常な関係が崩壊する。そう認識されるような社会になっていた。その背後には、ふたたび戦国内戦の惨禍にけっして逆もどりしない、という社会の合意が成立していた。その合意が、制御された刀狩りを支えていた。

一七八一年(天明元)、一揆が上野(群馬県)の西部に広がる。ここを領域にふくむ川越藩はただちに、鉄砲使用の手つづきを、幕閣に問い合せる。これに答えた幕閣は、「下知《げち》(命令)なくして鉄砲を使うのは無用」だ。やむをえないときは、玉なし鉄砲(空砲)を使え、それでもなお、もしも一揆が鉄砲を使ったら、玉込《たまごめ》(実弾)を使ってもいい、と答えていた。下知なくしてというのは、鉄砲を使うには幕府の許可がいる、という見解であった。それは、発砲の事前許可制を初めて公然と口にした、幕府の公式表明であった。その正月に出された「(一揆に)飛道具などを用いるのは無用」という「江戸御触《おふれ》」がそれである。

こうした幕府の一貫した方針は、百姓一揆の激しくなる十八世紀末、一七九六年(寛政八)になって、初めて幕府の成文法として明記された。それまでは不文の法(社会の合意)で十分であった。ほとんど徳川二世紀のあいだ、鉄砲を人に向けるのを自制しつづけた。その史実はまことに大切である。もし領主側が鉄砲不使用の原則を放棄すれば、一揆側もその原則を逸脱し、百姓の武装蜂起につながる。幕府はそうなるのを恐れたのだ。安藤はそうみている。

「あえて人命を損なう得物は持たず」

鉄砲の自律だけではなかった。江戸時代の百姓一揆は、みずから「百姓の得道具《えどうぐ》は、鎌・鍬より外になし」(鳥取の一揆)と号し、また幕末の一揆も「百姓は百姓だけの意趣にて、世のみせしめに不仁《ふじん》の者をこらすのみ、あえて人命を損なう得物は持たず」(秩父の一揆、一八六六年〈慶応二〉)を標榜した、という。われわれ百姓は、世のなかの非道を懲らすために一揆を起こすが、人を殺傷する武器はあえて使わない、という固い意思の表示であった。

この事実に注目した藪田貫《やぶたゆたか》・斎藤洋一・内田満らによれば、百姓一揆の得物は、農具にかぎられ、それらは手道具とか百姓道具などとよばれた。鉄砲も合図(鳴物《なりもの》)としては使うが、武器としては使わない。そうした作法(原則)ないし暗黙の合意が、百姓たちのなかにしみ透り、領主とのあいだにも、その抑制が広がっていった。幕府も、この作法を守るよう、大名たちに求めていた。近世を通じて百姓一揆は、武器にイメージされる武力をもたなかった。百姓一揆には、武器の抑制にたいする、自律の作法があった。

7　幕末の村の武器事情

逸脱の暴力の世紀へ

しかし、十九世紀に入ると、百姓一揆にやくざな悪党の影響が広まり、鉄砲の使用がしだいに野放しになっていく、とみられている。それにしても、それまでの江戸時代二百余年ものあいだに、一揆側と領主側がともに、鉄砲不使用の原則を逸脱したという例は、先にみた例をふくめて、ごくわずかしか知られていない。この奇跡ともいうべき事実は、徳川の平和の意味を考えるうえで、まことに貴重である。

十九世紀を悪党の世紀とみた須田努は、徳川の世を通じて、どれだけの百姓一揆(徒党・強訴《ごうそ》・逃散《ちょうさん》・打ちこわし)があり、どの一揆が武器を持ちだしたり、それを使ったり、放火したりしたかを、克明に調べ上げた。それによれば、いま知られる百姓一揆の総数一四三〇件のうち、武器を持ちだしたのは、わずか一五件(一パーセント)にすぎず、そのうち一四件までが、徳川最後の十九世紀前半、わずか五〇年ほどの間に集中している。

百姓一揆があいつぎ、世直し状況とまでいわれた、幕末激動の半世紀であった。だが、それでもなお、武器は使わない、放火もしない、という百姓一揆の自律は、まだ生きつづけていた。須田は説く。百姓一揆は、武器や放火などの暴力を自律的に封印したところに成立した、正統な民衆運動であった。しかし、十九世紀前半の一揆(世直《よなおし》騒動)に、一パーセントの武器の暴発が集中する。それは明らかに百姓一揆の慣習の変質であり、自律のワク(作法)を逸脱した、悪党的な実践であった。さらに、一揆は百姓ではなく鉄砲をもつ悪党だという、事実を超えて肥大した恐怖の風聞が、支配の側に鉄砲自制の原則を超えさせたのだ、と。

幕末出羽の村の農兵

幕末をむかえた十九世紀半ば、世直一揆(村方騒動・強訴・打ちこわし)が最後のピークをむかえる。やくざな悪党への恐怖の風聞が支配をゆるがし、過敏な反応をよびだす。ことに、大名領とちがって武力の弱い、幕府領(天領《てんりょう》)の村々を中心に、村の治安維持をになう「農兵」の組織化が進む。一揆と悪党にそなえた、村の新しい武力組織の登場である。

たとえば、一八六三年(文久三)九月、出羽(山形県)村山地方の幕府代官領では、代官の主導によって、農兵の取り立てが進められる。計画された農兵の総数は、じつに二五〇〇人。その内訳は、弓三〇〇人・鉄砲五〇〇人・鎗一二〇〇人・雑五〇〇人。それを二〇騎の農兵頭《のうへいがしら》と二五人頭(農兵小頭《こがしら》)一〇〇人が、「備え」(小隊)に分けて率いる。一つの備えは、農兵小頭のもとに、鉄砲二五人・弓一五人・鎗六〇人・雑二五人から成るものとされた。

その実情を、渡辺信夫と青木美智男が、くわしく分析している。

この計画では、農兵には、村々から選ばれた、十五歳から六十歳までの男子をあてる。村々には、高一〇〇〇石につき四四人余り、という基準で割り当てる。もし、本百姓《ほんびやくしよう》だけで足りなければ、水呑百姓《みずのみ》にも割り当てる。二〇騎の農兵頭は、村々の豪農層がつとめ、武器などの調達もその負担とする。農兵に出れば日当が支給される。それには、村に割り当てて徴集された銭を充てる。そういう態勢であった。しかし、現実には、地主・小作の関係が農兵頭・農兵の組織に持ち込まれたし、その上、農兵の三人に一人は貧しい窮民で埋め合わされた、という。

農兵の武器はどこから来たか

武器調達の計画は、弓・鉄砲・鎗を合わせて、二〇〇〇挺もの数であった。もともと武器は「御上《おかみ》より御渡し」があるとされた。とくに鉄砲は代官から下付する、という計画であった。

しかし、その通り代官から給付されたかは、かなり疑わしいという。じつは、鉄砲の調達には、「村々の猟師筒を、のこらずとり集めて、借り上げる。鉄砲が下付されたら、猟師筒は返そう」といわれていた。さしあたり、鉄砲は村にある猟師鉄砲で間に合わせよう、というのであった。二〇〇〇挺もの弓・鉄砲・鎗の調達を、現実には、村のもつ武力に依存することで、とりあえず農兵隊は発足した。それほどの数の武器が、幕末の村にはあったことになる。

農兵頭になったある豪農は、「馬に乗り帯刀して、前後の者には鉄砲五挺と十手《じって》をもたせ」て道中をのし歩き、世間の「笑い話」の種になっていた。彼らの中には、その地位を利用し、「農兵道具」を調達するといって、公然と武器を大量に買い入れ、一揆にそなえて私的な武力装置を蓄えようとする者もあった。農兵小頭たちにも、かってに帯刀する者が現われ、農兵になった百姓たちのあいだにも、兵としての訓練を通じて武芸が流行し、いつしか農業を怠けるという、荒《すさ》んだ気風も広がっていった、という。村に持ち込まれた農兵は、武器と暴力を封印し凍結してきた、長い平和な村々の気風を一変させようとしていた。

関東天領の農兵

出羽の幕領とちょうどおなじころ、南関東から伊豆・駿河にかけての幕領でも、代官江川氏によって、銃隊を中心とする農兵の組織化が始まる。北関東の一帯に世直騒動が広がっていた。その対決のなかで「一揆が発砲したので、やむなく役人も発砲した」といわれていた。やくざな悪党の発砲という、あいまいな風聞への恐怖のなかで、鉄砲の制御がなし崩しになっていった。農兵の創設も、こうして暴力の抑制が崩れはじめたことを、大きな背景としていた。

村の豪農たちは、悪党から生命・財産を守るため、進んで武術をけいこし、私的に武器を集めた。代官はその豪農たちを指導者として、「壮年強健」の村人を農兵に組織していった。農兵の数は関東で一一〇〇人にのぼった。一つの小隊は六人の指揮官と二三人の農兵から成っていた。農兵となった村人は、日ごとに撃剣の訓練に熱中した。こうした農兵の武力は、まず、世直一揆に向けられた。

武蔵多摩郡（東京都）の二〇カ村は、抜身や鉄砲で盗賊をはたらく、大勢の悪党にそなえて、高島流の鉄砲一〇〇挺を拝借したいと、江川代官に求めていた。村をまもるという名で、村の暴力の正当化がはじまり、豪農の私兵は村の集団武装に転化する。そのことに茂木陽一や須田努は注目している。

ある朝、悪党五人が村にやってくるという噂に、合図に村の半鐘をうちならすと、まず農兵が剣のついた鉄砲をもって出動した。ほかに十五歳から六十歳までの村人二〇〇人余りも、竹槍をもって夜番のパトロールをはじめていた。村をあげた竹槍の暴力が組織され、その中心に鉄砲と剣で武装した農兵がいた。

武州世直騒動の発砲

武州世直騒動といわれた、大きな一揆が起きると、打ちこわしをうけた村々は竹槍・鉄砲の武装で対抗し、もし手に余ればうち殺そう、と村々として決めていた。また、ある村では、農兵のもつ鉄砲や鎗を頼りに、二〇〇〇人もの人数で、じつに数万人ともいうやくざな悪党に対抗した、と申し立てていた。世直一揆にむけた村の鉄砲は、村で組織された農兵の手にあった。五日市(東京都)一帯の村々では、合印《あいじるし》・合詞《あいことば》をきめ、鉄砲四〇挺ほどに竹槍をそろえて、防戦の用意をし、一万ほどの一揆勢に発砲して無数の死傷者を出した。五五六両にものぼった費用は、近在の豪農や豪商たち一七人が出したという。彼らが村の暴力や農兵の組織者であり、鉄砲は農具から武器へ、ふたたび大きく転回しようとしていた。だが、村の武装を主導した彼らも、これによって「かならず人気《じんき》が荒立ち、泰平の世風《せふう》には戻れなくなる」と、平和の喪失につよい危機感をにじませていた、という。

内田満によれば、一八六六年(慶応二)の武蔵(埼玉県)秩父の世直一揆も、初めは「剣類は停止いたし、得物には野具を」と、武装の抑制を呼びかけていたが、後には、鎮圧側の武装に対抗して、鉄砲・脇指などの武器をもって参加するよう求めるようになった、という。

戊辰戦争の村の武力

戊辰《ぼしん》戦争期の一八六九年(明治二)、信濃(長野県)佐久郡で起きた西牧騒動では、西上野(群馬県)の数百カ村から数万人という百姓たちが、鎗・鉄砲・竹槍で武装し、峠をこえて信濃に押しかけ、大きな家を襲って、金子・衣類や刀・脇指・農具などを奪い取っていた。襲われた信濃の村も、刀・脇指を持ちだして対抗していた。

一八七三年(明治六)の讃岐(香川県)の徴兵反対一揆でも、一万人余りの一揆方が、銃や竹槍で武装して村役人宅などを襲い、民家から鉄砲を奪い取っていた。鉄砲の数は知られないが、ふつうの村人が銃を手にしていた。

Ⅵ　近代の刀狩りを追う

維新直後も市中で帯刀姿の武士はふつうに見られた
(1872年〈明治5〉3月，東京・湯島で開かれた文部省博物館の博覧会にて)

1　廃刀令以前

百姓・町人の帯刀廃止令

明治維新の政府が生れて、民間の武器や帯刀をめぐる、初めての動きが現われるのは、一八六八年(慶応四)九月以前のことであった。その九月の再令には、行政官から次のように指令されていた。「諸国の百姓・町人で、旧幕府から苗字・帯刀や諸役免許などの特権を得てきた者は、府県において取り調べ、由緒を吟味すべし、という布令をかねて出していた。だが、なおざりにされているので、すみやかに取り調べて沙汰せよ」と。

「かねての布令」は明らかではないが、特権を主張する諸国の百姓・町人を対象に、徳川いらいの証拠を確かめよう、というものであった。その狙いは、翌一八六九年(明治二)正月九日、行政官から出された「百姓・町人ども、旧幕府より、苗字・帯刀さしゆるし、あるいは扶持つかわし、諸役免除など申し付け候儀、一切廃止」という布告によって明らかになる。

全国の百姓・町人で、旧幕府いらい、苗字・帯刀ほかの特権を与えられていたものは、「一切廃止」する、というのであった。苗字・帯刀ほかの由緒を吟味せよ、という前年の指令は、この苗字・帯刀ほかのいっさい廃止令への伏線であったことになる。帯刀というのは、苗字とともに、特権を与えられた百姓・町人の身分の表象を指していた。その百姓・町人の帯刀権をすべて剝奪するというのであった。ただし、刀を没収することまでは意図していなかった。

廃刀随意令の提案

ついで、その一八六九年五月になると、より広い、廃刀令の原案ともいうべき、つぎの議案一二カ条(第一二号議案)が、「万機公論に決」しようと、新たに設けられた公議所に提案された。提案したのは公議所の議長心得(制度寮撰修)の森金之丞《もりきんのじょう》(有礼《ありのり》)であった。

第一、官吏・兵隊の外、帯刀を廃するは、随意たるべき事、
第二、官吏といえども、脇指を廃するは、随意たるべき事

つまり、官吏と兵隊以外が帯刀をやめるのは随意、官吏が脇指をやめるのも随意、というものであった。法による強制ではなく、自由意志にまかせて、おのずから廃刀に赴くことを期待

しよう、という緩やかな法であった。しかし、その提案理由はまことに興味ぶかい。

法の冒頭に「人の刀剣を帯するは、外はもって人を防ぎ、内はもって己れの身を護するところにて、天下動乱の際は、また要すべきなり」と帯刀ほんらいの意義をのべる。しかしつづいて、こう説いていた。ようやく文明に赴こうとする今日、外の守りは兵制に委ね、帯刀をやめれば「粗暴・殺伐の悪習」もおのずからやみ、「道義自守の良俗」と化すだろう。だから、これからは、官吏・兵隊のほかは廃刀を随意とし、「弊習を一新」すべし、と。

帯刀は「粗暴・殺伐の悪習」であり「弊習」だという。帯刀習俗の裏面を露骨に語って意表をつく。新時代らしい鮮やかな提案であった。官吏・兵隊のほか廃刀は随意というのは、この提案が、軍・警・官の帯刀を認めた、のちの廃刀令の先がけであったことを示唆する。

廃刀随意令の完全否決

しかし、帯刀を「粗暴・殺伐の悪習」だと酷評する提案は、議会の激しい反発を浴びた。その議事録によれば、「両刀を帯びるは、皇国尚武の性、自然に発露するところ」とか、「いやしくも大和魂を有する者、だれか刀を脱する者あるべきや」という帯刀＝大和魂論には、ほとんどの議員が名を連ねた。

また「士分以上は、かならず刀を帯べども、農・工・商ともに、かならずしも一刀を禁ぜず。……万世改むべからざるの制なり」と、もともと刀は万民のものだ、という反論もあった。刀と人の深いかかわりを説いているのが目をひく。さらに、「随意に帯刀を廃せば、工・商を弁識《べんしき》しがたし」と、帯刀という身分表象のもつ意義の大きさを強調する反論もあった。

一方、「長短の二刀を帯するは、後世、戦国の遺風」と、冷めた目で帯刀の現実をみつめ、「一刀を帯するに改めば可」と、やや妥協した修正案や、「帯刀を廃するの説は卓見」だが時期尚早だ、という論もあった。しかしそれらは、ごく少数の意見にとどまった。こうして提案は「皆否」とされて全面的に否決され、提案した議長心得の森有礼は、免官されて失脚する。

農工商の勝手な帯刀を禁止する

先の一八六九年正月の、特権ある百姓・町人の帯刀「一切廃止」令についで、翌一八七〇年(明治三)十一月十四日、太政官布告は、さらに一般の百姓・町人の刀について、こう規制していた。「百姓・町人ども、襠《うちかけ》・高袴・割羽織を着し、長脇差を帯し、士列に紛らわしき風体にて通行いたし候儀、あい成らず候事」と。

これは、百姓・町人にたいして、帯刀(二本指し)だけでなく、やくざ風の長脇差(一本指し)も禁止する、というのであった。森有礼の廃刀随意令の趣意書に明記されていた、「農・工・商ともに、かならずしも一刀を禁ぜず」という事態に対処するように、というのであったか。「士列に紛らわしき風体」がいけないという理由は、徳川の規制と変わるところがない。

翌十二月、太政官布告は、広く農・工・商の人々を対象に、勝手な帯刀を禁止した。「農・工・商の輩、許可これなく、みだりに帯刀いたす者これある趣、もっての外」だから、「地方官においてきっと取り締まるべし」とした。

庶民の帯刀禁止令をどうみるか

この布告は、ふつう、庶民の帯刀禁止令といわれる。だが「許可なくみだりに帯刀するな」というのは、新たな免許による庶民の帯刀は認める、というのであろうか。一八六九年正月令には、旧幕府いらいの帯刀などの特権はすべて廃止する、といっていた。それを考えると、この布告は庶民の帯刀を完全に禁止したもの、というのが妥当か。「許可なくみだりに」といっても、許可そのものをしなければ、庶民すべての帯刀の禁止とおなじ結果になるからである。前の一八六九年令のように、「一切廃止」と断定しなかったのは、森有礼の廃刀随意令案のように、ふくみをもたせた、緩やかな表現にとどめたのであろうか。判断がむずかしい。

いずれにせよ、「農・工・商ともに、かならずしも一刀を禁ぜず」と公議所議員のいった通り、「農・工・商の輩、許可これなく、みだりに帯刀いたす者これある」事実を指摘し、あらためてその規制を布告しなければならないほど、庶民の帯刀が広がっていた。それが現実であった。しかし、森有礼のめざした廃刀随意令は、まさに、こうした民衆の帯刀事情の広がりに焦点をしぼって、それを抑制することをめざし、新たに装いを変えて登場した、とみるべきであろう。庶民の帯刀禁止令の狙いは、引きつづき脱刀勝手令という形で現われるからである。

散髪・脱刀勝手令

翌一八七一年(明治四)八月九日、太政官は、「散髪・制服・略制服・脱刀とも、自今、勝手たるべき事」「ただし、礼服の節は帯刀いたすべき事」という布告を発した。但し書きのいう通り、脱刀するとは、帯刀をやめることであり、それは勝手、つまり任意であり自由だ、という意味であった。じつに慎重ないい廻しが印象的である。士族の反発を予想してのことか。

その背景には、先に帯刀を任意とした森有礼案が「皆否」とされ、葬られていた過去もあった。帯刀を頭髪や衣服とともに問題にする。それは徳川いらいのことであった。散髪というのは、いままでの丁髷《ちょんまげ》をやめ、断髪することを意味した。

脱刀の意義についても、佩刀は殺伐の意気を生み、みだりに人を殺傷し、闘争が止まないからだ、という興味深い理由が掲げられていた。あの秀吉の刀狩りが実施に移されたとき、「刀ゆえ闘争に及び、身命あい果てるを助けんがため」と言いふらされていたのと、説得の口ぶりがそっくりである。結髪についても「戦国以降の体裁」だとか、「中世の習俗にして、本邦の古風にあらず」という、もっぱら乱世風への批判が、県レベルではことに盛んであった。

ジャンギリ頭をたたいてみれば

断髪を当然のこととする風は、三沢純によれば、すでに幕末から江戸にはじまり、大きく諸国に広まろうとしていた、という。この布告の二年前(一八六九年)、和歌山藩では、すでに「便宜により薙髪《ちはつ》は勝手次第」としていた。前年(一八七〇年)、長崎裁判所では、この断髪への大きな流れに、「御国体にもあい拘わる」と危機感をもち、政府に「伺《うかがい》」を出していたが、その回答は「私《わたくし》に薙髪した分はそのまま」というものであった。『明治文化史』13によれば、一八六九年(明治二)の東京では、すでに、結髪七分・散髪三分の割合であり、さらに一八七六年(明治九)には、散髪六分・結髪四分と、新・旧が逆転してしまったという。

この布告の直前(一八七一年)、仙台藩も「士族・卒とも、脱刀ならびに散髪あい成りたき旨」

の出願を許してもいいかと伺いを出し、伺いの通りと、散髪を公に認める回答を得ていた。

「半髪《はんぱつ》頭をたたいてみれば、因循姑息《いんじゅんこそく》の音がする。惣髪《そうはつ》頭をたたいてみれば、王政復古の音がする。ジャンギリ頭をたたいてみれば、文明開化の音がする」という里俗《せけん》の歌が流行ったのは、よく知られている。ジャンギリ頭は「イガグリにて髪短かきもの」をいったという。その流行のはじめは、この勝手令の出る前のことであった。

つまりこの布告は、こうした世のなかの早い散髪化の動向を、追認する形で出されていた。しかし、脱刀（帯刀をやめること）が大きな抵抗をうけたのに対して、散髪（断髪）はかなり早く広まっていった、とみられている。脱刀自由のその後は、五年後（一八七六年）の帯刀禁止令（廃刀令）の布告を待つことになる。

発砲規制の深まり

一方、徳川の鉄砲改めは、明治政府に受け継がれた。その先がけは、やはり刀の規制とは別で、一八六八年（明治元）九月、東国の軍政のために設けられた鎮将府の通達であった。「ちかごろ、多くの川や郊外において、みだりに鳥打ちをする者がある。いまは農事繁多の時節とて、農民どもが難渋しているという。これからは厳しく取り締まる」という趣旨であった。よそ者が農繁期の村に入りこみ、むやみに発砲して、人身に及ぶ危険があった、というのであろうか。
ついで、一八六九年（明治二）四月二十八日に再令される。その趣旨は「発砲は、市中の端ばしまで禁止されてきた。ところが、近ごろ、みだりに小銃をもって鳥を打ち取る者がいる。巡《じゅん》邏《ら》・兵隊や取締りの者は、見かけ次第、その姓名を糺《ただ》し、銃器は取り上げよ」というものであった。市中の発砲を禁じるというのは、徳川いらいの掟であった。

さらに翌一八七〇年（明治三）五月七日、太政官の通達が出されていた。それは「自今、郭内外、諸邸宅中において、一切の発銃、差し停められ候こと」とあった。こうして、維新政府による江戸（東京）市中の鳥うち規制は、取締り令から没収令をへて、一切の発砲禁令へと、強められていった。市中の鉄砲うちの広がりは目に余るものがあった。

明治五年の銃砲取締規則

一八七二年（明治五）一月二十九日、明治政府は銃砲の取締規則を布告した。それは、よく知られた廃刀令より、四年も先がけて公布されていた。その太政官布告第二八号の「銃砲取締規則」（四月施行）には「華族より平民に至るまで、免許の銃類を除くのほか、軍用の銃砲ならびに弾薬類、ピストールに至るまで、私に貯蓄あいならず」と定められていた。

民間人が軍用の銃砲(和銃・洋銃)・弾薬類をひそかに所持することを禁止する、というのであった。なお、猟師鉄砲などの銃砲は、すでに徳川いらい登録制とされているので、それ以外の軍用の銃砲の所持・売買を、あらたに登録制としたのであった。その主な狙いは「めいめい所持いたしおり候軍用銃砲」であった。つまり、民間の銃砲すべてというよりは、軍用銃砲に焦点があった。幕末いらい輸入の洋銃がふえているという事情があった。

「私に貯蓄あいならず」といっても、届け出ればよく、所持そのものを禁止する、というのではなかった。ただ、その違反者の処分を定めた布告第二八二号には、鉄砲・弾薬を不法に所持すれば過料とあった。これまでの武器の没収(行政処分)だけよりも、強い態度であった。

小田切秀憲によれば、すでにその前年七月「鉄砲取調書上控」が、和歌山県庁の指示によって、村組ごとに作られていた。また、加藤光男によれば、登録作業の台帳として、村ごとに、戸長の手で、和・洋銃の別、玉目《たまめ》(弾丸の大きさ)、筒長(銃身の長さ)、住所、持主、登録番号などを列記した「和洋鉄砲書上帳」や「鉄砲書上帳」を、あらかじめそれぞれの県に提出させ、九月には登録を終えていた、という。登録の対象は、猟師鉄砲などを除く、和銃や輸入銃であったらしい。

さて、この「銃砲改め」の手順は、別に定められた「銃砲改刻印の式」によれば、銃そのものに「干支　何番　武庫司あるいは何府県」と刻印する、というものであった。その実情を、小田原城天守閣に陳列されている、アメリカのスミス&ウエッソン社（S&W）製という、江戸末期の拳銃二挺で確かめてみた。銃身や銃把《じゅうは》には、干支《えと》（年次）・番号（通し番号）・所属県（持主の住む県）の印などを、タガネや焼印で、「足柄《あしがら》県／壬申《じんしん》（明治五年）百八十番」（焼印）とか、「壬申一八三一　武庫司」（刻印）などと記されている。

また埼玉県立博物館にある、イギリス製のエンフィールド銃や、アメリカ製のヘンリー銃には、「六千三百七十九番　入間《いるま》県」などと刻印されている。足柄県は神奈川県内の古い県名であるが、武庫司は東京にあったから、東京で登録されたものらしい。入間県も埼玉県内の古い県名である。六三七九番という通し番号をみれば、幕末いらい、かなりの数の洋銃が輸入され、民間にも出回っていた様子がみえてくる。

銃身に焼印を押すという、一七二七年（享保十二）の鉄砲改めとも、よく似た方式である。ただし、小さなカード状の木札を銃に添付するのとちがって、個々の銃の本体そのものに、登録済みであることを示す、より詳しい刻印や焼印を打った点に、新しい特徴が認められる。しかし、あくまでも届け出＝登録制であり、査察による没収を伴っていた形跡は不明である。

兵農合一論の登場

おなじ一八七二年(明治五)十一月二十八日、太政官布告によって「徴兵告諭」が発布された(徴兵令の太政官布告は、翌一八七三年(明治六)一月十日)。徴兵令に先立つ、その趣意書というべきものであった。そこには、維新の廃刀令や脱刀令によせて、徳川の兵農分離の体制に決別を告げる、新たな兵農合一論が登場していた。

すなわち、中世の封建の世には、「兵農の別」があった。しかし、その後、その名分は曖昧になり、弊害だけが目立つようになっていた。しかしいま、この維新によって、刀剣を脱することが許され、四民がようやく自由の権を得た。これは上下の階級をひとしくする道であり、兵農を合一する基礎になった。これによって、士はこれまでの士ではなく、民もこれまでの民ではなく、皇国一般の民となった、と。

脱刀の実現によって、士民の差別がなくなり、中世いらいの「兵農分離」の時代は終わり、ようやく「兵農合一」が実現したのだ、という。じつはこの兵農合一論には、深刻な裏面がかくされていた。かつて幕末に、長州戦争に直面した幕府が、兵力の不足から、天領の農民を初めて兵士として大量に軍事動員する、兵賦《へいぶ》の制を強行した。だが、兵農分離という社会の強いたてまえに阻まれて、むざんに失敗していた。

その危機感から維新政府は、国民皆兵を必至として、兵農分離のたてまえを、どうしても突き崩す必要があった。そのために持ち出されたのが、兵農合一論であった。その兵農合一論をささえる基礎となったのは、ようやく軌道にのりはじめた、脱刀・散髪による身分表象の廃止、つまり士民の見かけ上の差別を撤廃することであった。

すべての国民を兵士に駆り出すには、兵農身分の差別を表わす表象を消滅させる必要があった。一八六九年(明治二)いらいくり返された、廃刀令・脱刀令の試みは、明らかに徴兵令のてこ入れと不可分の関係にあった。そして、ここにあらためて、有名な廃刀令が登場する。

2　廃刀令以後

帯刀禁止令——俗称「廃刀令」

一八七五年(明治八)十二月七日、陸軍卿山県有朋《やまがたありとも》の「陸軍省上申」によって、帯刀禁止令が提案され承認されて、翌一八七六年(明治九)三月二十八日に布告された(太政官布告第三八号)。「陸軍省上申」は、すでに一八七三年(明治六)一月に施行されていた徴兵令を背景として、帯刀の習俗をきびしく批判し、「武門武士の虚号と殺伐の余風」「軍隊のほか兵器を携うるもの」

を排除すべし、と主張していた。

これまでの帯刀は、①国家に益なし、②武士の虚号、③殺伐の余風と批判し、④国軍の権限侵犯を排除しよう（武器を軍隊だけで独占したい）、というのがその狙いであった。この「上申」と廃刀令とのかかわりについては、また後でのべよう。

さて、布告（廃刀令＝帯刀禁止令）の内容は、じつに簡単なものであった。

自今、大礼服着用、ならびに軍人および警察・官吏など、制規ある服着用の節を除くの外、帯刀禁ぜられ候条、この旨、布告候事、
　ただし、違犯の者は、その刀取り上ぐべき事、

つまり、大礼服を着た時、ならびに軍人・警察・官吏が勤務のため制服を着たときは、帯刀を許す。それ以外の時は帯刀を禁止する。もし違反した者からは、その刀を没収する、というのであった。つまり帯刀の禁止令が骨子であり、刀の所持までを禁止したものではなかった。

その立法の狙いは、これまで長く広く社会の身分表象とされてきた、帯刀という権限を、すべての一般民間人から剝奪し、もっぱら新たな明治国家の支配権力をじかに担う、軍人・警

察・官吏等だけの、公的・特権的な身分表象として独占しよう、とする点にあったとみられる。

先にみた一八七一年(明治四)八月九日づけの太政官布告が、「散髪・制服・略制服・脱刀とも、勝手たるべき事。ただし、礼服の節は帯刀いたすべき事」と、脱刀を髪型や服装とならぶ、いわば風俗(身分に応じた身なり)規制の一環として、士族の身分表象を問題にしていたのも、その事情をよく示している。この帯刀禁止令(廃刀令)は明治国家の新たな身分表象の統制策にほかならず、それだけに、士族層を中心とする民間の反発は強かった。

はじめ山県による提案の趣旨に、帯刀は政治上・軍事上の妨害だ、と明記されていた。そのためか、一般に、廃刀令は士族の帯刀禁止令であり、庶民を対象にした豊臣秀吉の刀狩りにつぐ、いわば国民の武装解除政策の総仕上げ、とみなされてきた。

廃刀令の現実

しかし、その実務規定は俗説と大きくちがっていた。廃刀令の布告が簡単にすぎたためか、布告とともに、実務の現場から、問い合せが司法省に殺到した。その問い合せに答えて、廃刀令の実施要領が、司法省布告によって示された。

その年の四月二十四日、滋賀県裁判所はこう問い合せていた(伺三カ条)。その伺いの冒頭

①〜④は、それまでの帯刀事情のありようと、新たな立法によせた現場からの疑問や批判を、あからさまに語っている。

①これまでの慣習では、帯刀といえば、長刀か双刀を帯びることをいい、脇指という短刀を帯びるのは帯刀といいませんが、それでいいのですか。

②それとも、こんどの布告にいう帯刀とは、双刀か短刀かの別なく、いっさいの金刃を携帯することを禁止するのですか。

③もしそうなら、公然と腰に刀を帯びるのでなく、身を護るために、短刀を懐にしたり、鎗身を杖に仕込んだり、あるいは嚢《ふくろ》や荷物のなかに刀をいれて、ひそかに通行するのも、禁止の対象となるのですか。

④公布の趣旨は、いっさいの凶器を携帯して通行するのを禁止する、というのではないのですか。身を護るため銃や鎗を携行することも認めるのですか。もし、理由もなく、常に短銃や短鎗などを携える者がいたら、罰せざるをえないですが、それまでもすべて不問にするのですか。

まず、①これまでの慣習で、帯刀とは、長刀か双刀を帯びることだけをいい、脇指を帯びるのは帯刀ではないが、そう考えていいのか、という。ここに、帯刀をめぐるこれまでの社会の通念がみごとに示されている。また、②こんどの法で禁じているのは、公然と腰に刀を帯びることなのか、それとも、あらゆる刃物の携帯をふくむのか、という。さらに、③護身用の短刀や仕込杖の鎗はどうか、武器を包んで歩いたらどうか、という。④わけもなく短銃や短鎗をふだん持ち歩く者まで、見逃せというのは無茶ではないか、という。

この①の意見から、脇指を指すのは帯刀ではないという、それまでの通念が、あらためて明らかになる。刀狩令のあとも民衆は脇指を身に帯びていた、という私の見方が、これでも裏づけられたことになる。また②～④の質問から、廃刀令の布告は帯刀禁止だけなのか、あらゆる武器の全面規制ではないのかと、地方ごとの治安維持の現場に、強い疑義や疑惑を引き起こしていた様子がみえてくる。

陸軍省上申と武装抵抗権論

このような疑義や混乱を招いた理由は、一つには、廃刀令の布告の簡潔さに、もう一つは、布告の趣意書というべき、一八七五年(明治八)十二月七日づけ、陸軍卿山県有朋の「陸軍省上申」の内容にあったのではないか。「陸軍省上申」は、およそこう語っていた。「帯刀の習俗がやまないときは、政治上に多少の妨害が生じるのはもちろん、軍隊のほかに兵器を携える者があるのは、少なからず陸軍の権限にかかわる。だから、願わくは、すみやかに廃刀の令を下し、全国の人民をしだいに開明の域に進歩させたい」と。

山県有朋が太政大臣の三条実美《さんじょうさねとみ》に廃刀令の施行を求めたのは、「未曾有の大典すなわち徴兵令の頒行《はんこう》」を背景として、政治上・軍事上の観点から、全国の人民を武装解除し、武器を軍だけで独占する、という必要を感じていたからであった。多くの地方裁判所に、先の②と③のような、廃刀令はあらゆる武器を対象とするのか、という疑義を抱かせた。その背景には、民間の刀の存在は「陸軍の権限にかかわる」と、暗に全人民の武装解除への衝動をほのめかした、この「陸軍省上申」があったにちがいない。

つまり、廃刀令の趣意書もまた、あの秀吉刀狩令の冒頭とおなじく、全人民の武装解除をうたっていたことになる。松下芳男『徴兵令制定史』も、廃刀令の断行には、士族の激怒にたえる自信と実力が政府に生れており、徴兵令の整備に特に大きな効果があった、とみていた。

ところが一方、一八八一年(明治十四)に起草された、植木枝盛の「日本国国憲案」第七一条は、政府が圧制をふるうときは「日本人民は兵器をもってこれに抗することを得」る、という人民の武装抵抗権を認めていた、という事実も記憶しておきたい。日本にも明らかに武装権の思想が生れていた。

司法省の実務上の見解

現場で廃刀令の実務にあたる、地方官庁から内務省をへて出された「伺」に対して、司法省が明らかにした布告、つまり実務レベルの公式見解は、予想に反して、むしろ古い帯刀の通念に近いものであった。その要旨を、①〜③に分けて示そう。

①第三八号布告(廃刀令)は、一切の刀剣を佩帯するのみを禁じたるなり。

②懐中もしくは嚢裏《のうり》に包蔵《ほうぞう》し、および、その余の兵器を携帯するがごときは、この限りにあらず。

③犯禁の処分は、その刀を没収するにとどむ。

この①は、廃刀令が刀剣の佩帯、つまり公然たる帯刀だけを禁止したものだ、と明言した。俗に廃刀令といっても、じつは刀の廃絶令というのではなく、帯刀の禁止令だ、というのであった。②では、刀剣を懐や袋に包んで持ち歩くのも、刀剣以外の兵器を携帯するのも構わない、という。③では、帯刀違反にも刑法は適用せず、その刀だけを没収する行政処分にとどめる、というのであった。なお、もし違反して没収した刀は地方の各県庁で保管せよ、と指示していた。刀を中央に集めようというのでもなかった。

廃刀令は「平民、帯刀の禁」もふくむ

鹿児島県など諸県の「伺」にたいする回答も同様で、「売買などにつき、刀剣を携持する者は、必ずこれを包裹《ほうか》すべし、もし包みを用いず、むきだしで刀を携行する者は、帯刀と同様に処分致すべし」と布告していた。これは「士族・平民、帯刀の禁を犯せしとき、その取り上げたる刀は、いかが取り扱いもうすべきや」という質問に答えたものであった。こんどの帯刀禁止令は、士族と平民の双方を対象とする。つまり廃刀令は「平民、帯刀の禁」をもふくむ。それが現場の認識であった。廃刀令は士族だけの帯刀禁止令だというのは、庶民の武装解除は秀吉の刀狩りでもう済んでいるという、後世の私たちの思い込みに過ぎなかったことになる。

しかし、こうした司法省の布告には、地方の実務レベル(各裁判所など)から、強い疑問の声が上がった。刀を懐中したり、短銃や短鎗を携えたりする者まで不問にするのは、「じっさい上、不都合」である。それに、帯刀に違反する者は、見つけしだい刀を没収するだけで、刑法の違反に問わず、行政処分とするだけでは十分ではない、というのであった。しかし、これにたいする司法省の回答は変わらなかった。司法省の態度は、あくまでも帯刀(脇指をふくむ)の禁止、だけで一貫していた。

武装解除ではなかった廃刀令

つまり廃刀令は、その初期の実務規範からみる限り、文字通り刀剣の公然たる携帯だけを禁じる、帯刀禁止令にすぎなかった。懐中や包みや嚢に入れて持ち歩くのはもとより、所持そのものは問題ではなく、さらに刀剣以外の兵器は、まったく規制外とされた。陸軍卿の山県が暗示した、もとの立法意図はともかく、その初期の施行過程からみる限り、廃刀令そのものを士族ないし国民の武装解除令とすることはできない。

帯刀の禁止令といっても、大礼服の着用という大きな儀式の際、および軍人・警察・官吏等が制服を着用して勤務する際の帯刀は例外、という帯刀免許の特例を明記していた。だから、廃刀令の現実は国民の非武装化などではなく、明治国家の新しい支配身分(軍・警・官)で帯刀権を独占するためだった、ということになる。

以下、実務レベルからみた、廃刀令の特徴を①〜③にまとめておこう。

①「一切の刀剣を佩帯するのみを禁じたるなり」という以上、「長刀また双刀を帯する」士族だけでなく、「脇指と称する短刀を帯する」平民をもふくむ、もっとも広い意味での帯刀習俗にわたる規制にほかならなかった。廃刀令は士族の武装解除であった、とい

う通念には再検討の必要がある。

②だが、帯刀習俗の規制といっても、「包裹を用い」た「刀剣携持」は「処分」の対象としない、まして他の武器は対象にもしない、という。だから、じかに日本人民の非武装化を強行しようとするものではなかった。明治の廃刀令は、その立法の意図で全人民の非武装化へ、その衝動をのぞかせながら、司法省見解からみるかぎり、「公然腰に刀を帯びる」以外の武器の携持は、まったく規制の対象とされず、廃刀令の違反も「行政上の処分」にとどまった。これを全国人民の武装解除令とはとうていみなしがたい。だから、廃刀令によって国民の非武装が定着した、という通念にも再検討の必要がある。

③帯刀習俗の規制といっても、廃刀令の本文は、大礼服を着たときの帯刀、勤務中の軍・警・官の帯刀は認める、と明記していた。だから、帯刀という習わしそのものが、恥ずべき未開の習俗だから廃棄しよう、というのでもなかった。

帯刀は軍・警・官の身分表象に

この③は、刀・脇指は社会の自立した成員の表象だという、ながい伝統のある観念を、むしろ積極的に受け継いで、その帯刀を、新たに明治国家の支配をになうべき、軍・警・官だけの、新しい身分表象として、限定し独占しよう、というものであったにちがいない。長く帯刀を独占し、新しい軍・警・官からも外れた士族たちが、その犠牲となった。

ただし、支配者の側に、人民を非武装化したい、という衝動があったことは、徴兵令によせて山県有朋が「陸軍省上申」で断言していた通りである。地方の裁判所の意見にも、その傾向がはっきり見られた。したがって、あのじつに簡潔な廃刀令が、徴兵令とも連動して、厳しく執行されていく過程に、この人民非武装化への衝動が、まったく影を落とさなかった、とはいいきれないところがある。

なお、その後の武器の規制については、一九〇〇年(明治三十三)に出された、治安警察法(法律三六号)第一八条と、行政執行法(法律八四号)第一条、一九一〇年(明治四十三)に制定された銃砲火薬取締法(法律五三号)第一二条などがあったことも、記憶しておきたい。

3 マッカーサーの刀狩り

さて、最後に興味の焦点となるのは、一九四五年(昭和二十)の敗戦とともに実施された、連合国占領軍による日本民衆の武装解除(マッカーサーの刀狩り)である。先にもみたが、村川堅太郎もこれを第三の刀狩りと呼んで、注目していたからである。第三の刀狩りとは何であったか。これについては、荒敬《あらたかし》のくわしい研究に学んで、記述していこう。

日本占領軍の刀狩り始まる

一九四五年八月三十日、マッカーサーが神奈川県厚木に到着し、横浜の臨時総司令部に入った。これより先、日本政府はポツダム宣言を受諾したとき、すでに「軍の所有に属せざる武器」について、民間の武装解除を予想していた、という。それがはっきりしたのは、八月十九日に占領軍から受けた、一般命令第一号の草案であった。その第一一項「民間の武装解除条項」には、日本国大本営と日本国の当該官憲にたいして、「一般日本国民の所有する一切の武器を蒐集し、かつ引き渡すための準備をなしおくべし」と指示されていた。ただ、いったい「一般日本国民の所有する一切の武器」とは何か。それについて具体的には、何も示されていなかった。

一方、日本に上陸した占領軍の将兵は、ただちに、それぞれの戦利品として、日本人のもつ武器の勝手な強奪に乗り出し、各地で騒ぎが頻発しはじめていた。その件数は、朝日新聞によれば、わずか一週間で、神奈川県内だけで九八六件にのぼった、という。いったい占領軍は

「一般日本国民の所有する一切の武器」をどうする気か。日本側を代表する有末機関(有末精三陸軍中将を委員長とする大本営横浜連絡委員会)が、占領軍との折衝に動きだした。

九月二日、一般命令第一号が正式に発令され、民間の武装解除も指示された。日本政府は、日本刀は「日本人の魂」であり、民間の「家宝」だと主張し、それを「一般日本国民の所有する一切の武器」から除外しようとして、ねばり強く画策した。軍部の軍刀のなかにも、個人のもつ日本刀を軍刀に仕込み直したものも少なくなかった。

しかし、占領軍は日本刀をふくむ一切の武器を、「軍国主義の表象」とみなして、その破棄を求めた。一方、その折衝にあたってきた大本営が解体され、担当が内務省に代わっていた日本側は、民間の日本刀を接収の対象から除外しようとして、占領軍ときびしく対立した。市民の銃砲についても、すでに日本の警察のきびしい監視(登録制)の下に統制されていると説いた。ことに市民の猟銃は生活必需品なので、許可制のもとで保持させたい、と主張した。

日本政府の刀狩り提案

しかし占領軍の強い姿勢は変わらなかった。それをうけた日本側は、それまでの方針を大きく転回させ、九月十五日、あらためて緊急措置を次のように提案した。

①提出する武器は、軍用銃砲・短銃・仕込銃・軍刀・指揮刀・銃剣、その他一般刀剣、および軍用火薬とする。ただし、刃渡り三〇センチメートル以下の小刀、美術的価値のある刀剣は留保する。

②提出者は、一般個人・学校・公共団体とする。ただし、警察・消防など、職務で所持する者を除く。

③提出期限は、四五年十月十日、提出場所は、所轄の警察署とする。

ここに日本側は、「一般刀剣」つまり日本刀すべての民間確保をあきらめた。そこで、日本刀＝「家宝」論にかえて、あらたに「美術品」論をもちだし、美術刀と小刀だけを除外することを求め、さらに武器の回収は日本の警察に任せることを主張した。この二点に日本側の苦心があった。総司令部もこれを認めて、武器の回収指令を出した。しかし、例外措置を適用するのは「真実の一般市民の所有する美術品に限る」とダメを押した。軍関係の武装解除には、いっさいの例外を認めない、というのであった。

市民の武装解除方針きまる

この武器回収の指令をうけて、九月二十七日、内務省は各府県の警察署に、銃刀の除外例をこう訓令した。

①神社仏閣の宝物・国宝、先祖伝来の刀剣など、重要美術品は届け出のみとする。

②一般の刀剣は、自発的に提出させ、警察署に保管する。

③猟銃は、有害な鳥獣の駆除など、じっさいに必要なものは除外する。

これら例外措置①③は、秀吉の刀狩令の実情とそっくりである。民間の武器回収の鉄則というべきであろうか。②は日本の警察がマッカーサーの刀狩りの主導権をとることを意味した。

十月二十三日、最高司令部は「武器引き渡し指令」を出し、例外とする銃刀(美術刀・猟銃)の許可に厳正を求め、民間から回収された武器弾薬は米軍の各司令部に引き渡すことを命じた。これをうけた内務省も、十一月九日、「自発的に提出させ」ることから、さらに踏み込んで「武器類の不正所持発見のため、一斉臨検、特別戸口調査を実施する」と訓令した。これ以後、内務省は市民の武装解除に積極的になっていく。

市民の武装解除の現場から

占領期をつうじて、府県の軍政チームのもとで、武器回収が行われたのは、各府県ごとに、およそ五〜六回にわたった、と荒敬はいう。「一般民間の所有する武器提出方に関する件」のチラシは、多くのばあい、各警察署長から町内会・部落会・隣組常会《じょうかい》をつうじて配布された。それは戦前からの警察と地域のつよい協力態勢に支えられ、民間の相互監視が期待されていた。

静岡・熊本・茨城の各県では、現地の駐留軍当局がみずからジープで巡回して、きびしい監督にのりだし、民家の立ち入り調査まで行った。美術刀剣さえも認めない、というきびしい例までもあった。米軍がデンタン（特殊電波探知機）を使って家宅捜索し、もし刀剣がみつかれば、軍事裁判にかけられる。そんな噂もとんだ。

デンタンの噂は、少年の日に私も耳にした。進駐軍への恐怖感から、多くの刀や鎗を、やみくもに提出する家も多かった、という。摘発をおそれて、たくさんの刀を油紙に包んで、地中に深く埋め、腐らせてしまった、という話を耳にしたこともあった。

現に東京の中野区では、野方《のがた》警察署から町会長あてに、噂どおりの連絡がまわっていた。

①日本刀その他刀剣類も一切提出することになりました。過ちがあれば、直接、連合軍官憲の強制を受けることにもなりますから、十分、注意して下さい。（一九四五年九月）

②期間中に出さないで、発見された時は、連合軍の軍事裁判で厳重に処分されることになっております。（一九四六年四月）

などと、語り口はていねいでやさしい。しかし、①連合軍官憲の強制とか、②軍事裁判とか、占領軍の名がくり返し公然と語られ、明らかに脅しに使われていた。

全国の武器没収のあらまし

荒敬によれば、一九四六年六月までの、各県ごとの武器の回収の一例を、日本刀だけに限ってみると、長野県の五万一二〇二本、熊本県の二万六六五〇本が突出している。じっさいには都道府県ごとの平均は、およそ二万本にはのぼったとみている。

全国のレベルでは、主な武器の没収状況(四六年三月末)は、つぎのようなものであった。

拳銃　一万一九一六　　小銃　三九万五八九一　　猟銃　三八万四二一二

軍刀　二三万九一六〇　　日本刀　八九万七七八六　　槍類　一四万四四〇七

これらの中で、明らかな軍用武器類を除くと、猟銃は三八万四二一二挺、日本刀八九万七七八六本が目につく。約二四万振の軍刀の中にも、日本刀がふくまれている可能性もあるから、没収された在来の日本刀は、およそ一〇〇万振にものぼったことになる。なお朝日新聞は、占領軍の刀狩りによって、全国で三〇〇万本の日本刀がなくなった、と文化庁の美術工芸課が語っていた、と報じていた。

この数値が、敗戦まで日本の民間にあった武器の、およその傾向を示す。ことに、日本刀はかなりの量が民間に保有されていた。それでも、日本全国の刀が、すべて根こそぎ没収されたわけではなかった。四八年六月二日の朝日新聞は、なおも東京の街なかで八〇〇〇本の刀が押収された、と報じていた。五二年八月三日にも東京都教育庁は、まだその管内には一万四〇〇〇本の刀剣が隠されている、と同紙に言明していた。いまも旧家の土蔵の古文書調査などで、まだ登録されていない刀剣類を数多く目にするのは、歴史の研究者なら日常に経験していることである。

接収された武器は動輪に、海中へ

一九四六年四月までに廃棄された武器のうち、小銃は一六五五万、拳銃は五万五〇〇〇、刀剣類一四〇〇万にのぼった。小銃・刀剣類のほとんどは、米軍兵士の戦利品・記念品として、米国へ持ち帰られた、という。

回収された武器は、各警察署に山積みされ、それぞれの軍司令部に引き渡された。その後の処分方法は多様であったらしい。奈良県・三重県の分は、奈良県の鋳工所で、機関車の動輪に鋳直された、という。山形県では、占領軍のＭＰが護送して、酒田港から運び出し、港外の日本海に投棄していた。熊本県でも、米軍の海兵隊が、島原沖や有明海に投棄したという。多くの武器が海中に消えたことになる。

赤羽刀のゆくえ

関東で日本の警察が没収したすべての武器は、東京の赤羽《あかばね》にあった米第八軍兵器補給廠《しょう》に集められた。第八軍司令部は、一九四八年(昭和二十三)二月、赤羽に保管していた日本刀のうち約四〇万本を、兵器廠内で六〜一二インチに切断することを条件に、日本政府に放出した。しかし、適当な切断機はなかった。

そのため、日本政府は三菱製鋼にまかせて、刀剣を処理させることとした。三菱製鋼は九月まで半年ほどの間に、約三〇万本の刀をスクラップにした。しかしそれは、とても採算が取れる仕事ではなかった。そこで、三菱製鋼は作業の打ち切りを申し出て、スクラップ化は中止された。その後は、大量の刀剣が船に積まれ海中に投棄された、ともいわれる。

赤羽で廃棄をまぬがれた数十万本は、東京国立博物館によって調査が行われた。そのうち美術品として選別された約五五〇〇本の刀剣が、一九四七年、同博物館に引き渡され、「赤羽刀」と呼ばれて、保管されることになった。

これについては、のち一九九五年(平成七)に、議員立法によって「接収刀剣類の処理に関する法律」が成立し、文化庁は「接収刀剣類処理検討委員会議」を設置し、はじめて赤羽刀の鑑定・審議を行い、所有者のわかった約一一〇〇本は、五〇年ぶりに元の持主に返還された。残りの赤羽刀は、国庫に収められ、銘もある刀や槍など、約四五〇〇本余りの重要な刀剣類は、全国の公立博物館に展示などの活用を期して譲渡された。

この時に作られ、官報にも公示された、「譲与対象接収刀剣類一覧」という、一点ごとの目録によれば、譲与された赤羽刀の総数は四五七六点にのぼっていた。これを報道した朝日新聞によれば、五〇年間のサビを磨く研ぎ代(一センチあたり約一万円の相場)だけでも、なお三〇億円余りがかかる見込みで、すべてを修復できる見通しはない、という。民間から強制没収された刀剣のなかにも、じつは数多くの名刀がふくまれていた。

銃砲等所持禁止令

内務省はさらに民間の銃砲取締りに関心を強めた。一九四六年六月三日、「銃砲等所持禁止令」(勅令三〇〇号)を、ついで十七日、「銃砲等所持禁止令施行規則」(内務省令二八号)を制定した。禁止令は三カ条の簡単なものであり、詳細はすべて施行規則一〇カ条にゆだねられた。それは、日米の協議によって決定された、「日本政府は武器所有禁止の勅令を公布すること」という合意にもとづくものであった。あらためて、公然と武器所有の禁止がうたわれたことになる。

第一条は、「銃砲・火薬および刀剣類は、これを所持することができない」と、銃砲と刀剣をともにふくみ、原則としてその所持を禁止する。ただし、これには例外として、つぎの①〜④の四項が加えられていた。

①有害鳥獣駆除のために必要とするもの。
②狩猟を業とする者が、その業務の用に供するもの。
③刀剣類で、美術品として価値のあるもの。
④火薬等で、産業の用途に供するもの。

これら①〜③は、先の民間の武装解除令で定められていた、例外規定の再確認であった。民間の武装解除令の総仕上げといってもいい。なお、施行規則は第一条で、刀剣の範囲について、これまでの三〇センチ以上という規定を修正して、「刃渡り一五センチ以上の刀・あいくち・剣・槍・薙刀《なぎなた》」と、より厳しく定めていた。それまで公安委員会で行われていた所持許可のうち、③の美術刀に該当するものについては、文化財保護の名目で登録制とし、その事務を各都道府県の文化財保護委員会に移管することになった。

登録申請をうけた都道府県の文化財保護委員会(のち教育委員会)は、「銃砲刀剣類登録証」と題した、タテ一〇センチ余り、ヨコ七センチ余りの薄い小紙片に、持主名・特徴・登録番号などを列記し、割印と朱印をおして、登録・所持の許可証として交付した。紙片の大きさは、江戸の鉄砲改め証の木札とよく似ている。

なお、先の第二条は、その違反に、三年以下の懲役か禁固、または五〇〇〇円以下の罰金を定めていた。「銃砲等所持禁止令」違反は、ここに刑事罰として、きびしく処分されることになった。明治の廃刀令などが、武器の没収という行政処分にとどめていたのと、大きなちがいであった。このポツダム勅令の違反は「占領目的に有害な行為からなる罪」とされた。この「銃砲等所持禁止令」の狙いは、民間に潜在する武器の、さらなる発見と回収にあった。それが第八軍の期待するところであった。

「剣を鋤に、銃を薪に」

ある日の朝日新聞夕刊(二〇〇五年二月十七日)に、こんな魅力的な見出しが目にはいった。詩人のアーサー・ビナード氏の連載する「日々の非常口」というコラムである。

そこにはこう書かれていた。太平洋戦争が終わったばかりの頃、東京の街角のある豆腐屋さんは、豆を煮るにも油揚げを揚げるにも、薪《まき》を使っていた。その薪は燃料業者が運んでくる廃材ばかりで、なかには、ときに銃床がたくさん混じっていた。銃身の金属をはずした木の部分である。それらは、戦後まもなく、廃棄処分になったものであった。それは、じつによく燃える最高の燃料だった、という。

たしかに、敗戦によって武装解除された日本では、軍や民間から、膨大な量の小銃が没収されていた。知られる限り、小銃だけでおよそ一六五万挺にのぼった。それら大量の小銃の木の部分が解体されて、大量に民間に払い下げられ、薪として使われていた。それほど多くの銃床が薪として市中に出回っていた。私には初めての、新鮮な話であった。

詩人の言いたいのは、薪の話だったわけではない。コラムの見出しの通り、武器が薪に変えられ、戦争から平和へと、歴史が大きく転回した、その断面に鋭く目を向けたのであった。人々が戦いを止めて、平和な仕事につくことを、英語では「剣を打って鋤の刃に作り替える」と表現する、と詩人はことばをついでいる。それは旧約聖書の預言がもとになっている、と。そのことばを私は、本書のシンボルとして、プロローグの冒頭に借用した。その預言は、時空を超えて訴えかける平和への祈りの銘として、ニューヨークの国連本部の向かいにある、小さな広場の壁に刻まれていると、同紙の「天声人語」(二〇〇五年一月二十六日)にもあった。

「銃砲刀剣類等所持取締令」から「銃砲刀剣類所持等取締法」（銃刀法）へ

占領軍の求めた「銃砲等所持禁止令」は、一九五〇年十一月十五日に廃止され、かわって「銃砲刀剣類等所持取締令」（政令三三四）が制定される。その後、一九五二年四月二十八日には、法律としての効力をもつものと定められ、三回にわたる一部改正をへて、一九五八年三月十日、「銃砲刀剣類所持等取締法」（法六号）が制定された。占領下の命令（武装解除令）から法律（不法所持規制法）へ、治安の重点の移行であり、戦後の武器法の大きな変化であった。銃砲や刀剣の取締りは、ここに初めて、正式に法律としての地位を与えられ、いくどもの改正をへて、現行法（いわゆる「銃刀法」）にいたっている。この取締法では、空気銃・飛出しナイフを規制するなど、所持や携帯の範囲はいっそう強化された。

日本で国民の非武装化が目に見えて進んだのは、秀吉の刀狩令の結果ではなかった。それは、なによりも、占領軍の権威を背にして、日本の内務省と警察が強行した、二十世紀半ばの武装解除の結果だった。そう大きな目星をつけてもよいであろう。

「銃刀法」下の膨大な刀

とはいっても、現在の「銃刀法」が公認している銃刀の数にも、無視できないところがある。

いま銃刀法のもとで、所持を許可され登録されている銃刀は、たとえば埼玉県では、合わせて七万四五七七点にのぼる。うち火縄銃も一三三八挺を占めている。また神奈川県でも、総数は七万三七七二点にのぼり、うち火縄銃・古式銃も一七二四挺ある。つまり、県のレベルで七万点余りの大半は、武器として使用に耐える刀が占めていることになる。

これを国のレベルで、文化庁の公表した数字でみると、銃刀法によって全都道府県に登録された銃刀の数は、二〇〇六年(平成十八)度末の段階で、刀はじつに二五〇万三〇〇〇点ほど、銃砲も六万八〇〇〇挺ほど、総計では二五七万点ほどにのぼっていた。このほかに未登録のままの銃刀というのも、少なくないはずである。武器であることを封印された刀や銃とはいっても、全国に二五七万点もの銃刀という数字は、けっして小さいものではない。

ちなみに、これら銃刀法のもとで現存する刀二三一万本に、占領軍令によって消滅した推定三〇〇万本の刀を加えると、戦前の日本の「丸腰の民衆」の手には、じつに五三〇万本を超える日本刀があったことになる。敗戦直後の一九四七年、標準世帯数はおよそ一五七八万であったというから(『日本長期統計総覧』1)、少なくとも三世帯に一本余りの日本刀が、戦前の私たちの身辺にはあったことになる。これでも、秀吉の刀狩りは民衆の武装解除だった、といいきれるだろうか。

だが、時として起きる個々の悲惨な逸脱を別にすれば、私たちはこれだけ大量の武器の使用を自ら抑制し凍結しつづけて、今日にいたったわけである。その現実のなかに、武器を長く封印しつづけてきた私たちの、平和の歴史への強い共同意思(市民のコンセンサス)が込められている。そう断定したら、いい過ぎであろうか。

少なくとも国内で、私たちが武器を封印しつづけてきたのは、銃刀法の圧力などではなく、私たちの主体的な共同意思であった。そのことをもっと積極的に認めてもいいのではないか。素肌の弱腰を秀吉(歴史)のせいにしないで、自前の憲法九条へのコンセンサスにも、もっと自信をもつべきではないか。

強大な国家権力による民衆の武装解除論(丸腰の民衆像)から、民衆の自律と合意による武器封印論(自立した民衆像)へ、「秀吉の刀狩り」をめぐる、歴史の見方を大きく転回することを、ここに提案しながら、私の「三つの刀狩りの物語」を閉じることにしよう。

エピローグ——武装解除論から武器封印論へ

長篠合戦図屛風(部分，犬山城白帝文庫所蔵)

［戦争の放棄、戦力の不保持・交戦権の否認］（「日本国憲法」第九条）

日本国民は、正義と秩序を基調とする国際平和を誠実に希求し、国権の発動たる戦争と、武力による威嚇又は武力の行使は、国際紛争を解決する手段としては、永久にこれを放棄する。

松永貞徳の感慨

松永貞徳《ていとく》（一五七一〜一六五三）は、戦国の世の終わり近くに京都で生れ、文人として幅広く活躍し、ことに貞門《ていもん》俳諧の始祖として知られる。その彼に『戴恩記《たいおんき》』という、もとは口述だった自叙伝がある。その末尾近くで彼は、少年のころに体験した戦場の惨禍を語っていた。ここに、その一部だけを①と②に抜き書きし、自伝の文末でわずかに記された、平和の世に生きる日々の感懐を③に挙げよう。

①我等生まれしよりこのかた、度々の兵乱ありし時は、町々の門戸をかため、辻々に堀をほり、あるいは新関をすえ、あるいは逆茂木《さかもぎ》を引き、かりそめの往還《おうかん》も自由ならず。まして近国・他国の便宜もきかず、雑説のみ多くて、あけ暮れ肝《きも》をけし、財宝をかくし、逃げ所を求めはべりし。……

②数万の物取りども、さしつかわされければ、あるいははぎ取り、土蔵《どぞう》を打ちやぶり、あるいはうちころし、ふみころし、あるいは方々に放火せしほどに、一家も残らず焼けのぼる。ほのお天にかがやき、煙のそこに泣きおめくこえ、叫喚《きょうかん》・大叫喚の地獄にことならず。……

③天下おだやかにして、琉球の嶋、高麗の者共まで、あがめ奉《たてまつ》る、君の御恩徳、なかなか筆にも尽くしがたし。

信長の世に少年時代を、秀吉の世に青年時代を送り、徳川の世に大人となった貞徳が、信長の時代の戦場の惨禍を思い起こし、自伝の最後には「天下おだやか」な徳川の平和を語り納めていた。①では、あいつぐ内戦のなかで、常にきびしく身構えていた日々を語り、②では、その戦争の内実が激しい略奪であったという事実をあらわに語って、最後に③では、その不断の緊張と略奪から解放された、深い喜びの想いをもらしていた。

私が本書で秀吉の平和、徳川の平和といったのは、内戦の戦国から平和な徳川の世へ、その大きな転換の時代を生きぬいた人々の、この戦争から平和へという皮膚感覚をもとにしている。「天下おだやか」な世がどのようにして生み出され、どのように支えられてきたか。本書はその内実を村や町のレベルで探ろうと試みてきた。秀吉の刀狩りで民衆は武装解除され「素肌」

にされてしまったわけではなかった。しかし、人々は手元の武器を封印することに合意して平和を実現し、その平和を長く保ちつづけた。その長いプロセスを具体的に語ろうとしてきた。

武器の所持と凍結

秀吉の刀狩りは、村に多くの武器があることを認めながら、村と百姓が武装権(帯刀と人を殺す権利)の行使に封印することを求めた。帯刀(携帯)権を原則として武士だけに限り、百姓・町人には脇指の携帯だけを認めた。刀を除く武器も、その使用は凍結された。しかし、村と百姓が完全に武装解除されたわけでも、文字通り素肌・丸腰にされたわけでもなかった。

さらに、村に多くの武器があることを前提に、その行使を凍結する喧嘩停止令が発動されていた。百姓は手元にある武器の使用を抑制し凍結しよう、そう社会に提案する法であった。百姓も脇指は指しつづけたし、農具としての鉄砲は、時代とともに、むしろ大きく増加していった。その数量は大名の鉄砲をはるかに超えていた。しかし、それを武器として使うことを、人々は自ら抑制した。長く苛酷であった内戦・自力の日々の惨禍が、その自制を支え、自制への合意を実りあるものにした。

刀狩令と喧嘩停止令、この二つの武器制御のプログラムは、長くきびしい戦国の内戦と自力の惨禍を痛切に体験した世の中の、平和への希いと合意に支えられて誕生した。だからこそ長い生命を持ちつづけた。日本国憲法の戦争放棄の誓い(第九条)も、大戦による内外の犠牲と反省をうけ、自律的に支えつづけて今日にいたったが、いま危機に瀕している。

「武具から農具へ」とか、「一揆が鉄砲を使わない限り、領主も鉄砲を使わない」とか、「あえて人命を損なう得物は持たず」というような、江戸時代をつうじて、大きな高まりをみせた、自律的な武器制御の作法の広がりは、まことに印象的であり、感動的でさえあった。その高まりは、平和にむけた社会の深い合意をぬきにしては、とうてい語ることができない。一片の支配者の法令が、このような平和への大きなうねりを創造する。そんなことが、はたして可能であろうか。だが、私たちは秀吉によって武装解除されてしまったと、わけもなくそう信じこんで今日に至った。しかしそれは虚像であった。

明治のはじめに、廃刀令もまた、士族や平民に帯刀(刀を指して歩くこと)を、きびしく規制した。しかし、腰に刀を指さず、包んで持って歩けば、罪にならなかった。ほかの武器も規制の対象にさえならなかった。鉄砲は刀とは別のプログラムで規制された。しかし、免許を受ければ、自由に使うことができ、没収されることはなかった。武器の所持は民衆の自律のなかで制御され、その自制に権力との合意が成立していた。

敗戦後の占領軍は、日本民衆の武装解除をきびしく遂行した。文字通りの非武装はこの時どうにか現実となった。秀吉による非武装という、研究に根拠のない私たちの知識は、すでに二十世紀初めには確かにあったが、敗戦後のマッカーサーの刀狩りによって、それは皮膚感覚となった。ほぼそう断定してもよいだろう。

民衆の非武装は、秀吉のせいでも、廃刀令の結果でもなかった。敗戦後の武装解除の後も、銃も刀も、害獣用の鉄砲として、猟銃として、美術刀として、登録して認められれば、もつことができた。その総数は、いまなお二四〇万点近くにのぼっている。

素肌・丸腰の武器感覚

では、秀吉以来という非武装・丸腰の皮膚感覚は、なぜ近代に広がり戦後に肥大化したのか。それはこうではないか。近代の日本がはじめたあいつぐアジア戦争に、私たち民衆はなぜ抵抗できなかったのか。この痛切な反省や深い無力感の根源を、ことに良心的な知識人たちは、自身の内面の弱さに求めるだけではなく、十六世紀末の刀狩りによる民衆の武装解除という、世界にも類のない、日本史の特異さのなかに求めよう、としてきたのではないか。

日本の民衆は秀吉によって心の内面まで武装解除されてしまった。精神までも無抵抗にされ、素肌にされてしまった。それは世界にも類のない、四〇〇年におよぶ日本の特殊な歴史が作り出した、民衆の運命であった。こうした強い思いこみと、私たちの共有する非武装・丸腰という皮膚感覚、ないし深い喪失感は、おそらく、どこかで深く結びついていた。まともな刀狩り研究がゼロという学界の大きな欠落も、おそらくこの感覚とかかわりがあった。

堀田善衛の語った「武器感覚について」(一九六一年)のつぶやきを、もういちど思い出そう。「権力と相対して、民衆がつねに、ほとんど四百年来、非武装、「素肌」であったという点に、われわれの歴史の非常な特殊性があったのではないか」と。堀田の非武装・素肌の感覚は、明らかに、秀吉から現代までつづく、私たちの歴史の特殊性の問題として受け止められていたのであった。しかし素肌・丸腰の民衆像というのは虚像に過ぎなかった。

一九六〇年に「人民の自己武装権」を論じた、日本政治思想史家の丸山眞男「拳銃を……」もまた、「豊臣秀吉の有名な刀狩り以来、連綿として日本の人民ほど自己武装権を文字通り徹底的に剝奪されて来た国民も珍らしい」とのべていた(『丸山眞男集』8、二七九〜二八一頁)。丸山もやはり、秀吉の刀狩りは徹底した人民の武装解除だったと信じ込んでいたのであった。

小熊英二によれば、丸山は「人民の自己武装権」を「国家の自衛権」に対比し、「全国の各世帯にせめてピストルを一挺ずつ配給」すれば、「これによってどんな権力や暴力にたいしても、自分の自然権を行使する用意があるという心構え……が根付くだろう」とも論じていた。丸山のいう自然権説の背後には、おそらくアメリカの憲法の修正第二条への関心があった。

規律ある民兵は、自由な国家の安全にとって必要であるから、人民が武器を保蔵しまた携帯する権利は、これを侵してはならない。（一七九一年確定、合衆国憲法修正箇条、『世界憲法集』岩波文庫）

丸山はこの修正第二条の民兵論が、常備軍の肥大化とともに、実質を失ってしまったことを、一方で認めながらも、なお「国家の自衛権」を相対化するという、「人民の武装権」論に含まれた精神の深みについても、注目をうながしていた。秀吉による人民の武器剝奪説に、「人民の自己武装権」論を、あえて対置してみたかったのか。あるいは、かつての植木枝盛の武装抵抗権論を思い起こしていたのであろうか。

しかし、人民の武装権と市民の銃をめぐる、アメリカ社会の現実はまことに厳しい。

いま私の手元に、一九八九年二月六日づけという、古い『タイム』国際版がある。同誌はその特集「武装するアメリカ」で、市民の間の銃による死者数（約六万三〇〇〇人）が、一九八四年からわずか二年で、ベトナム戦争八年半の全戦死者数（約五万八〇〇〇人）を超えてしまい、銃をもつ市民は急増して、いまや全世帯の半数に及ぶ、と報じていた。

小熊の挙げる近年の情報によれば、同時多発テロ以後、自衛の意識の高まりとともに、市民への銃の売り上げは上昇し、人口二・五億人に対して二・三億丁の銃が民間にあり、銃のかかわる死者は、年ごとにほぼ三万人にのぼるという。

それでもなお、アメリカ市民の銃が減ることはない。その裏には、たしかにNRA＝全米ライフル協会など兵器産業界の圧力もある。しかしもっと根底には「民兵の武器こそ民主主義のとりで」「武装権は人間ほんらいの権利」という思想レベルの、激しい憲法論争があるという。

先に村川も「市民と武器の問題は、国家権力と市民の自由という、政治の問題と深くかかわっているのだ」と語っていた。秀吉の武装解除によって、日本の市民の自由はその内面まで制約されてしまった、市民と武器の問題というのは、それほど市民権に深くかかわっていた、と村川もいいたかったのではないか。敗戦への内省のなかで、丸山があえて「人民の自己武装権」論を持ち出してみせたのも、同じことであった。

だが、村川説も丸山説も、その前提にあった刀狩り＝武装解除論は虚像にすぎなかった。

鉄砲をすてた日本人

日本の戦国末、にわかに広まった鉄砲の行方に注目して、ノエル・ペリン『鉄砲をすてた日本人』は、こう語っていた。かつて十六世紀末(戦国)の日本人は大量の鉄砲を持っていた。しかし、十七世紀(徳川)以後、その使用や技術をみずから凍結してしまった。高い技術をもった文明国が、高度な鉄砲という武器を自発的に棄てて、刀剣という古くさい武器に逆戻りする道を選んだ。そして国家は成功した。いまこの日本の歴史の英知に学べば、人類も核の使用を抑止し凍結することもできるはずだ、と。

またペリンは、徳川家康のような権力者といえども、人民の気に染まぬものであれば、これを強制できるとはかぎらなかった、とも語っていた。人を殺す武器としての鉄砲を放棄することも、日本民衆の合意なしには強行できなかったはずだ、というのである。この指摘は大切である。たしかに日本の鉄砲は、武器であることをやめて、農具としてだけ広がった。

このノエル・ペリン説には、宇田川武久・鈴木真哉など銃砲専門家の反論もある。しかし、日本思想史家の中村生雄が、ごく最近、こう述べていたのが目にとまった。

少なくとも近世の日本社会において、刀や鉄砲という殺傷力の高い武器の、所持や使用を抑制する仕組みが、支配層の側からはもちろん、在地の被支配層の側からも、さまざまに試みられていたことは否定しがたいところである。そして、後者(在地)の試みのうちには、たんに権力側の規制を従順に受け入れるというだけでなく、それを契機にして、村落社会の秩序を再構成していこうとする、独自のメカニズムがはたらいていたこともわかってきた、と。

村社会の自力による、民間の武器を自制する独自のメカニズムに注目する、この中村説に、私は深い共感を覚える。

西洋史家の村川も「今日の日本で武器の保持・携行は、国家権力により世界で最も厳しく取り締まられており、この政策は一般市民のコンセンサスに支持されている」と語っていた。この「一般市民のコンセンサスに支持されている」という見方は、ことに重要である。

長く武器を封印し、戦争を放棄して、平和を謳歌してきた日本人。そのコンセンサスの歴史が、いま個人から国家(憲法九条)のレベルにいたるまで、危うく崩壊に瀕している。そうした今日の深い危機と亀裂のなかで、「一般市民のコンセンサス」のもとで、手元の武器を封印しつづけてきた、十六世紀末いらい四〇〇年余りの日本の歴史と、ペリンの意表をつく見方に、あらためて深い想いをはせてみたい。

ヨーロッパの刀狩り

最後に、刀狩りのクイズを一つ。[イ]〜[ニ]欄には、選択肢a・bを用意しよう。

［イ］世紀の［ロ］でたびたび発せられた［ハ］令は、農民身分と［ニ］身分を確定するのに、初めて武装権の有無をもち出した。それまでは、農民であっても余裕さえあれば、自弁で武器をととのえて戦争に参加できた。また名誉をけがされたときは、武器をとって決闘を申し込んでよかった。しかし［ハ］令によって、いまや彼らは平和のうちに生きる庇護されるべき人となり、父祖伝来の武装権を剝奪されてしまったのである。ここに身分としての農民が誕生した。

イ＝a十六・b十二　　ロ＝a日本・bヨーロッパ
ハ＝a刀狩り・b平和　　ニ＝a武士・b戦士

これは、西洋史家の寒川恒夫の文を、拝借して加工したものである。［　］欄にはどれもbが入る。簡単そうにみえるが、迷われた方もあるにちがいない。つまりa・bどちらでもおかしくない。それほど日本の刀狩りとよく似た史実が、中世ヨーロッパにもあった。刀狩りはなにも日本史だけの特質ではなかった。

これでも、刀狩りは「日本の歴史の非常な特殊性」であった、といい切れるであろうか。

あとがき

「刀狩り」をテーマとする本が日本に一冊もない。論文もほとんどない。あの有名な秀吉の百姓武装解除論は、研究の裏づけもなく、法令だけが奔放に独り歩きしてきた……。そのことに気づいたのは、もう二〇年ほども前のことである。

そのころ、岩波新書におられた伊藤修さんに、そんなら自分で書いてみてはと、ふと「その気」にさせられた。ところが、その頃まとめていた『豊臣平和令と戦国社会』(一九八五年)に秀吉の刀狩りの章を書き終えてしまうと、「その気」はすっかり失せてしまった。

その後しばらくして、日本には「三つの刀狩り」があったと、西洋古代史の村川堅太郎氏の一文に教えられた。なるほど、こんどの私の本は、秀吉だけでなく「三つの刀狩りの物語」にすればいいのだ、と思うようになった。秀吉の刀狩り、明治の廃刀令、そしてマッカーサーの刀狩りである。やがて、もう一度「その気」になった。のんびりした旅ではあった。

旧著の「秀吉の刀狩り」の章では、秀吉の刀狩りから徳川の帯刀事情まで、その実情を追ってみた。だからこんど近世は、鉄砲事情を主に探ればいいかなと思った。もう塚本学さんの名著も出ていたし、百姓一揆を研究する同学の須田努さんからは、質の高い情報をいただくことができた。ことに鉄砲の作法をめぐる、近世の新しい研究水準の高さにはおどろいた。

近世の百姓は大量の鉄砲を農具として自在に使いこなした。しかし、百姓一揆も領主も、なぜか人に向けては発砲することはなかったという。武器である鉄砲に封印したのは、民衆の自律であったと、確信をもって語られていた。須田さん自身も「人びとの合意を得られない支配権力など存在しようもない」と説いていた。これらの想いを、私は共感をもって受けとめることができた。これこそが刀狩り論批判の核心だ、という感動に似た想いに支えられた。

近代の明治初めの廃刀令のいきさつは、自分で内閣文庫に籠っているうちに、様子がみえてきた。廃刀令は帯刀だけの禁止令で、包んで持ち歩けば罪にならなかった。ほかの武器は規制の対象でさえなかった。秀吉令も廃刀令も同じことで、ともに武装解除令ではなかったと、あらためて確信に似た想いがもてるようになった。

敗戦後のマッカーサーの刀狩りは、同じ研究室で戦後史に没頭していた荒敬さんが、自分の研究の一環として調べてくださることになった。この応援は大きかった。「三つの刀狩り」のうちで、なんとか武装解除かといえそうなのは、マッカーサーの刀狩りだけだと、初めて感じられるようになった。だが現代の銃刀法のもとでも、いまなお全国で二三〇万本を超える刀が公認されている。近世の鉄砲がそうであったように、現代の刀も民衆の自律で、武器であることに封印して今日にいたった。しかしいま、その不測の逸脱に身構える時代になっている。

いまこそ、非力な武装解除論(素肌の民衆像)から、自律による武器封印論(自立した民衆像)へ、大きく転回するときではないか。「三つの刀狩りの物語」で、私のたどりつけたのは、ここまでである。ながく私たちを呪縛しつづけてきた「秀吉の刀狩り＝民衆の武装解除論」を見直したいという初心は、はたして叶えられただろうか。

秀吉からマッカーサーまで、長い時空を往き来するあいだ、多くの方々に教えられた。心昂ぶる出会いもあった。かつて「その気」にさせてくださった伊藤修さん、二〇年ぶりに持ち込んだこの本に、快く助言を惜しまれなかった新書の平田賢一さんに、あつくお礼を申し上げたい。なお、素稿の最初の読者となり、助言者となってくれた、妻の香代子に感謝したい。

二〇〇五年　春告鳥を聞いた日

藤木久志

参照した論著の一覧（著者名の五十音順）

青木美智男「幕末における農民闘争と農兵制」『日本史研究』九七、一九六八年
荒　敬『日本占領史研究序説』柏書房、一九九四年
安藤優一郎「百姓一揆における鉄砲相互不使用原則の崩壊」『歴史学研究』七一三、一九九八年
伊藤昭弘「萩藩における『御仕成』と中間層」『九州史学』一三三、二〇〇二年
犬養道子『渇く大地』中央公論社、一九八九年
岩沢愿彦「刀狩」『国史大辞典』3、吉川弘文館、一九八三年
宇田川武久『鉄炮伝来』中公新書、一九九〇年
内田　満「秩父困民党と武器」1・2、『立正大学地域研究センター年報』二〇・二一、一九九七〜九八年
小熊英二『市民と武装』慶応義塾大学出版会、二〇〇四年
小椋喜一郎「百姓一揆における鉄砲のあり方」『歴史評論』五一九、一九九三年
加藤光男「銃に刻まれた文字」『埼玉県立博物館だより』七七、一九九二年
桑田忠親「豊臣秀吉の刀狩り」『史学雑誌』五四―一、一九四三年（『豊臣秀吉研究』角川書店、一九七五年所収）

黒正　巌『百姓一揆の研究』岩波書店、一九二八年
小林清治『奥羽仕置の構造』吉川弘文館、二〇〇三年
斎藤洋一「武州世直し一揆のいでたちと得物」『学習院大学資料館紀要』一、一九八三年
鈴木真哉『鉄砲と日本人』ちくま学芸文庫、二〇〇〇年
須田　努『「悪党」の一九世紀』青木書店、二〇〇二年
武井弘一「近世の鉄砲改めと山村」『宮崎県地域史研究』一四、二〇〇一年
武井弘一「天保期隠し鉄砲の摘発とその歴史的意義」『日本歴史』六四九、二〇〇二年
武井弘一「天保期隠し鉄砲の数量的考察」『東京学芸大学附属校研究紀要』二九、二〇〇二年
武井弘一「享保期における幕府の鉄砲改めについて」『関東近世史研究』五五、二〇〇四年
田村貞雄「廃刀令」『大百科事典』11、平凡社、一九八五年
塚本　学『生類をめぐる政治』平凡社選書、一九八三年
塚本　学「村の武力と村民の安全」『平出博物館ノート』10、一九九六年
塚本　学「江戸時代の村の武力について」『国立歴史民俗博物館研究報告』六六、一九九六年
辻善之助『日本文化史』Ⅳ、春秋社、一九六〇年
中村生雄「『鉄砲を捨てなかった日本人』のこと」『季刊東北学』三、二〇〇五年
中村吉治『近世初期農政史研究』岩波書店、一九三八年
ノエル・ペリン(川勝平太訳)『鉄砲をすてた日本人』(原題「銃の放棄」)紀伊國屋書店、一九八四年、のち中公文庫『鉄砲を捨てた日本人』一九九一年

羽仁五郎「幕末における社会経済状態・階級関係および階級闘争」一九三二年、『羽仁五郎歴史論著作集』三、青木書店、一九六七年
ハンス・フェール(未邦訳)『中世農民の武装権』総論編、一九一四年
久野修義『日本中世の寺院と社会』塙書房、一九九九年
平野裕久「小田原藩における鉄砲改めについて」『地方史研究』二二〇、一九八七年
福田アジオ『戦う村の民俗誌』歴史民俗博物館振興会、二〇〇三年
藤木久志『豊臣平和令と戦国社会』東京大学出版会、一九八五年
藤木久志『雑兵たちの戦場』朝日新聞社、一九九五年
藤木久志『戦国史をみる目』校倉書房、一九九五年
堀田善衛『海鳴りの底から』朝日新聞社、一九六一年、のち新潮文庫所収
丸山眞男「拳銃を……」一九六〇年、『丸山眞男集』8、岩波書店、一九九六年
三鬼清一郎「刀狩」『大百科事典』3、平凡社、一九八四年
三沢　純「散髪脱刀令の成立過程と近代社会」『近世近代の地域社会と文化』清文堂出版、二〇〇四年
村川堅太郎『村川堅太郎古代史論集』Ⅱ、第八章、岩波書店、一九八七年
茂木陽一「幕末期幕領農兵組織の成立と展開」『歴史学研究』四六四、一九七九年
盛本昌広『日本中世の贈与と負担』校倉書房、一九九七年
柳田国男『日本農民史』一九二六年、『定本柳田国男集』一六、筑摩書房、一九八一年
藪田　貫「得物・鳴物・打物」『橘女子大学研究紀要』一〇、一九八三年、「百姓一揆と得物」同紀要一四、

一九八七年（『国訴と百姓一揆の研究』校倉書房、一九九二年所収）
吉岡　孝「近世後期関東における長脇差禁令と文政改革」『史潮』新四三、一九九八年
吉村豊雄「近世農村社会と武具をめぐる覚書」『近世近代の地域社会と文化』清文堂出版、二〇〇四年
渡辺信夫「幕末の農兵と農民一揆」『歴史』一八、一九五九年

藤木久志

1933年新潟県に生まれる
1963年東北大学大学院文学研究科修了
現在―立教大学名誉教授，文学博士
専攻―日本中世史
著書―『戦国の村を行く』(朝日新聞社)
『飢餓と戦争の戦国を行く』(朝日新聞社)
『新版 雑兵たちの戦場』(朝日新聞社)
『中世民衆の世界』(岩波新書) ほか

刀狩り
―武器を封印した民衆　　岩波新書(新赤版)965

2005年8月19日　第1刷発行
2016年12月20日　第6刷発行

著者　藤木久志《ふじきひさし》

発行者　岡本 厚

発行所　株式会社 岩波書店
〒101-8002 東京都千代田区一ツ橋2-5-5
案内 03-5210-4000　営業部 03-5210-4111
http://www.iwanami.co.jp/

新書編集部 03-5210-4054
http://www.iwanamishinsho.com/

印刷・三陽社　カバー・半七印刷　製本・中永製本

ISBN 4-00-430965-4　　Printed in Japan

岩波新書新赤版一〇〇〇点に際して

ひとつの時代が終わったと言われて久しい。だが、その先にいかなる時代を展望するのか、私たちはその輪郭すら描きえていない。二〇世紀から持ち越した課題の多くは、未だ解決の緒を見つけることのできないままであり、二一世紀が新たに招きよせた問題も少なくない。グローバル資本主義の浸透、憎悪の連鎖、暴力の応酬——世界は混沌として深い不安の只中にある。

現代社会においては変化が常態となり、速さと新しさに絶対的な価値が与えられた。消費社会の深化と情報技術の革命は、種々の境界を無くし、人々の生活やコミュニケーションの様式を根底から変容させてきた。ライフスタイルは多様化し、一面では個人の生き方をそれぞれが選びとる時代が始まっている。同時に、新たな格差が生まれ、様々な次元での亀裂や分断が深まっている。社会や歴史に対する意識が揺らぎ、普遍的な理念に対する根本的な懐疑や、現実を変えることへの無力感がひそかに根を張りつつある。そして生きることに誰もが困難を覚える時代が到来している。

しかし、日常生活のそれぞれの場で、自由と民主主義を獲得し実践することを通じて、私たち自身がそうした閉塞を乗り超え、希望の時代の幕開けを告げてゆくことは不可能ではあるまい。そのために、いま求められていること——それは、個と個の間で開かれた対話を積み重ねながら、人間らしく生きることの条件について一人ひとりが粘り強く思考することではないか。その営みの糧となるものが、教養に外ならないと私たちは考える。歴史とは何か、よく生きるとはいかなることか、世界そして人間はどこへ向かうべきなのか——こうした根源的な問いとの格闘が、文化と知の厚みを作り出し、個人と社会を支える基盤としての教養となった。まさにそのような教養への道案内こそ、岩波新書が創刊以来、追求してきたことである。

岩波新書は、日中戦争下の一九三八年一一月に赤版として創刊された。創刊の辞は、道義の精神に則らない日本の行動を憂慮し、批判的精神と良心的行動の欠如を戒めつつ、現代人の現代的教養を刊行の目的とする、と謳っている。以後、青版、黄版、新赤版と装いを改めながら、合計二五〇〇点余りを世に問うてきた。そして、いままた新赤版が一〇〇〇点を迎えたのを機に、人間の理性と良心への信頼を再確認し、それに裏打ちされた文化を培っていく決意を込めて、新しい装丁のもとに再出発したいと思う。一冊一冊から吹き出す新風が一人でも多くの読者の許に届くこと、そして希望ある時代への想像力を豊かにかき立てることを切に願う。

（二〇〇六年四月）